H
comme
Humour

DU MÊME AUTEUR

Aux Éditions La Pensée moderne — Jacques Grancher

Anthologie ·

LE LIVRE BLANC DE L'HUMOUR NOIR, Prix Rabelais
(en collaboration avec Michel Chrestien)

Chez d'autres éditeurs

Biographie :

ALLAIS-FRANCE, (Candeau)

Histoire anecdotique :

LE PALAIS INDISCRET, (Julliard)
LA PRESSE INDISCRÈTE, (Julliard)
COMÉDIENS EN LIBERTÉ, (Julliard)

Romans :

JE SUIS UN ABOULIQUE, Grand Prix de l'Humour, (Fanlac)
JE N'AI PAS TUÉ LE PRÉSIDENT, (Calmann-Lévy)
LE GANGSTER AUX ÉTOILES, (Calmann-Lévy)
CADET-ROUSSELLE
en collaboration avec Jean Halain (Del-Duca)

Essai ·

COMMENT NE PAS RÉUSSIR, Prix Alphonse-Allais (Quatre-Jeudis)

Adaptations :
DU CÔTÉ DES JEUNES FILLES EN FLIRT, (Fasquelle)
FEU L'INDIEN DE MADAME, (Fasquelle)

Jean-Paul LACROIX

H

comme

Humour

1 500 mots d'esprit
pour chaque occasion de la vie,
de Courteline à Woody Allen

Jacques Grancher, éditeur.
98, rue de Vaugirard 75006

AVANT-PROPOS

L'esprit — celui de salon ou de dîner en ville — est-il ou non démodé ? Il connut son Age d'or à la Belle Époque (1), *quand il fallait être aussi un brillant causeur pour devenir l'un des rois de Paris. Willy, Capus, Allais, Tristan Bernard, Feydeau régnaient sur le Boulevard. Tandis que les duchesses londoniennes se disputaient « Dear Oscar » (Wilde) et « G.B.S. » (George Bernard Shaw).*

On appelait ces virtuoses de la réplique et du bon mot des « conversationnistes ». Le mot ne se dit plus. Mais ceux qui le portaient ont fait des petits, que recherchent les maîtresses de maison d'aujourd'hui, comme faisaient leurs grands-mères.

Au fait, qu'est-ce que l'esprit ?

Pour Maurice DONNAY, *c'est* une façon d'exprimer avec gravité des choses frivoles, avec légèreté des choses sérieuses. *Pour* André BELLESORT : la faculté merveilleuse de tirer des mots les plus communs une étincelle inattendue.

Hélas ! il est si difficile parfois de distinguer un trait spirituel d'une grosse sottise ! (MUSSET) *Disons plus simplement, avec* Paul VALERY, *que* le ton de la plaisanterie est le seul qui convient à nos rapports avec nos semblables.

De toute façon, l'esprit, ça s'attrape. Au vol, comme un perdreau. Encore ne faut-il pas économiser ses munitions. Encore MUSSET : Beaucoup parler, voilà l'important ; le plus

_____

(1) Cette période appelée aussi « 1900 », qui a le cul entre deux siècles. Née vers 1890, elle a été tuée par le premier coup de canon de la guerre de 14

mauvais tireur de pistolet peut attraper la mouche, s'il tire sept cent quatre-vingts coups à la minute, aussi bien que le plus habile homme qui n'en tire qu'un ou deux bien ajustés.

En corollaire : ne laissez jamais une question sans réponse. Une question n'est jamais indiscrète. C'est la réponse qui risque de l'être. (WILDE) *A vous d'éviter ce piège.*

Quelle que soit votre réponse, soyez net. Pour une réponse affirmative, il n'existe qu'un seul mot : oui. Tous les autres mots ont été inventés pour dire non. (T. BERNARD)

Autre conseil d'ami : ne confondez pas citation pertinente et idée reçue. Il est à parier que toute idée reçue est fausse puisqu'elle a convenu au plus grand nombre. (CHAMFORT)

Enfin et surtout, jamais de flagornerie ! Dans vos éloges, utilisez la litote. Admirable, monsieur... et même pas mal. *C'était la formule du mathématicien* PICARD, *examinateur à Polytechnique.*

Assortissez même vos louanges de légères critiques, elles n'en ressortiront que mieux. BEAUMARCHAIS : Sans liberté de blâmer, il n'est pas d'éloge flatteur.

(Ben voyons ! De même que sans liberté de flatter, il n'est pas d'éloge blâmeur. C'est l'évidence même !)

DÎNERS EN VILLE

EN HORS-D'ŒUVRE

Augustine BROHAN *disait d'une table où l'on médisait beau-coup :* On y dîne si mal ! Ce serait à mourir de faim si l'on n'y mangeait pas son prochain. *Hé oui !* si tout le monde savait ce que tout le monde dit de tout le monde, personne ne parlerait plus à personne. (Gabriel HANOTAUX)

Mais il est bien porté de dénigrer les dîners en ville. Quelques mots amers de dîneurs célèbres...

Henri DUVERNOIS : On me prend toujours pour un sauvage. Quelle erreur ! Seulement, je sais le prix du temps et je n'apprécie que le travail et la paresse. Le monde vous arrache à la fois au travail et à la paresse.

DONNAY : Quand on sort, c'est pour son plaisir, et encore pas toujours. Quand on reste, c'est pour son bonheur.

DUMAS père : Si je n'avais pas été là, je me serais fort ennuyé !

André MAUROIS : J'ai trop perdu d'un temps irremplaçable. Cela, par coupable gentillesse. Je ne savais pas refuser durement, ce qui est la seule façon de refuser.

En fait, certains dîners sont passionnants, et vos hôtes des amphitryons délicieux. D'ailleurs, « refuser durement », est-ce si facile ?...

N'étant pas un général de la Rome antique, vous ne pouvez guère faire répondre par votre esclave . Ce soir, LUCULLUS soupe chez Lucullus.

WILDE, *qui cultivait l'insolence, envoyait ce bristol imprimé :* Mr. Wilde, retenu par une obligation *ultérieure,* ne pourra être des vôtres ce soir-là.

Le jeune comte de GONTAUT-BIRON, *l'un des lions du Maxim's, télégraphiait :* Impossible venir. Mensonge suit par lettre.

T. BERNARD *y allait plus carrément encore :* Non, merci, je n'ai pas faim.

Si vous les imitez, il ne vous restera qu'à expliquer, comme Louis SCUTENAIRE : Je suis trop honnête pour être poli.

*   *
*

Vous avez accepté. Vous vous y rendez. Mais, par malchance, vous arrivez en retard. Madame est déjà servie !

Présentez vos excuses avec bonne humeur. Annoncez d'entrée, pour mettre les rieurs de votre côté : Ah ! mais... c'est que je ne suis pas le premier venu, moi ! *C'est ce que faisait* ALLAIS.

BAUDELAIRE *donnait dans l'humour noir :* Pardonnez-moi mais j'ai dû, avant de venir, assassiner mon pauvre père.

Le Dr. PAUL, *médecin légiste, déclarait aimablement à la maîtresse de maison :* Excusez-moi, chère amie : une autopsie qui a duré plus que prévu. Le gaillard avait cinq ans de caveau... Au fait, vous permettez que je me lave les mains ?

*   *
*

Enfin dans la place !
Pratiquez-vous le baise-main ?
Pourquoi pas !...
Je suis en faveur de la coutume qui veut qu'un homme baise la main d'une femme la première fois qu'il la voit. Il faut bien commencer par un endroit quelconque. (Sacha GUITRY)

Vous voilà maintenant à table, flanqué de deux cavalières. Si vous n'êtes plus tout jeune, et votre plus proche voisin non plus... soufflez à l'oreille de votre voisine : Vous êtes, madame, entre deux hommes mûrs : intra muros. (Victor HUGO)

A moins bien entendu, que vous n'éprouviez aucun désir d'être agréable aux deux personnes du sexe entre lesquelles on vous a inséré. Michel SIMON *avait mis au point un scénario imparable.*

Il posait à chacune d'elles une première question : Madame ?...
ou mademoiselle ?

Si la voisine répondait : Mademoiselle, *il ajoutait :* Ah ! et... vous
avez des enfants ?

Avec celle-là, c'était terminé jusqu'à la fin du repas.

Si elle répondait : Madame, *il demandait aussi :* Vous avez des
enfants ?

De deux choses l'une : ou bien elle répondait : Oui. *Simon lui
demandait d'une voix suave :* Ah ! et... de qui sont-ils ?

Et si elle répondait : Non, *il s'enquérait, très intéressé :* Ah ! et...
comment faites-vous ?

*Comme on le voit, l'attaque était un peu plus longue, mais tout
aussi efficace.*

<center> *
* *</center>*

*Vous a-t-on bien ou mal placé ? Entendez : eu égard à votre
importance et votre âge combinés.*

Si mal, demandez innocemment à votre hôtesse : Est-ce qu'on
a droit à tous les plats, à la place où vous m'avez mis ? *C'est ce
que faisait* GONTAUT-BIRON *dans cette conjoncture.*

Quant à la duchesse de NOAILLES, *un jour que, invitée chez le
duc d'Aumale, elle avait été placée à sa gauche, elle eut
l'élégance de lui dire :* Monseigneur, je remercie Votre Altesse de
m'avoir fait l'honneur de me traiter en parente (1).

*Oui, problème-casse-tête, problème-cauchemar, que celui des
préséances dans un grand dîner ! Qui placer à la droite de la
maîtresse de maison ? le haut magistrat ou le grand avocat ?
l'assez jeune académicien, chevalier de la Légion d'Honneur, ou
le pédégé, qui a dix ans de plus que lui, et la rosette ?...*

<center> *
* *</center>*

Même s'il s'agit d'un petit dîner... Une gaffe est si vite commise !
Steve et Renée PASSEUR *recevaient un couple ami. Arrivée du
couple, gai, charmant...*

(1) (Deux anecdotes du livre de souvenirs de Gabriel-Louis Pringué : *Quarante ans de dîners en ville.*)

— *Vous permettez qu'on aille se laver les mains ?*
— *Je vous en prie. Vous connaissez le chemin.*
Retour du couple. « A table ! »

Et le repas se déroule devant deux invités maussades, répondant par monosyllabes, qui se sauvent dès le dessert avalé, refusant le café.

Les Passeur s'interrogent du regard : « Qu'est-ce qu'on a bien pu leur faire ? »

Ils le sauront en entrant eux-mêmes dans la salle de bains. Sur la glace du lavabo, ce pense-bête griffonné avec du rouge à lèvres : Inviter les Untel pour qu'on n'en parle plus !

BOUFFOLOGIE

Le dîner suit son cours. J'espère pour vous qu'il ne ressemble pas à ceux que préparait la cuisinière de Mme du Deffand (l'amie des Encyclopédistes), de qui le président HENAULT *disait :* Entre elle et la Brinvilliers, il n'y a qu'une différence d'intention. *Ni à celui dont parlait* CURNONSKY, *invité difficile :* Mon Dieu ! si le potage avait été aussi chaud que le vin, le vin aussi vieux que la poularde, et la poularde aussi grasse que la maîtresse de maison, ç'aurait été presque convenable.

Non, la chère est de qualité, l'hôtesse ravissante, l'hôte spirituel. Quant à la cuisine, directement inspirée par la dixième muse, celle de la bonne bouffe, que CLODOMIR *appelle la muse-gueule, elle ravirait* « CUR » : La cuisine, c'est quand les choses ont le goût de ce qu'elles sont.

En bref, une de ces agapes dont parle WILDE : Après un bon repas, on se sent si heureux que l'on pardonnerait à n'importe qui. Même à ses meilleurs amis. *Chapeau bas !* La bonne chère — *un autre mot d'*HENAULT — est l'une des quatre fins de l'homme. *Il ajoutait :* J'ai oublié les trois autres.

*
* *

Le défilé des plats vous remet en mémoire quelques boutades de dîneurs célèbres.

Le potage, Pierre DAC : Je songe souvent à la quantité de bœuf qu'il faudrait pour faire un bouillon avec le lac de Genève.

Les huîtres, Léon-Paul FARGUE : Je les adore : on a l'impression d'embrasser la mer sur la bouche.

Le melon, bien entendu, BERNARDIN DE SAINT-PIERRE : Il se présente en tranches pour pouvoir être mangé en famille.

Pour le homard, allez-y du petit poème de James de COQUET :

Une Américaine était incertaine
Quant à la façon de faire cuire un homard
« Si nous remettions la chose à plus tard ? »
A dit le homard à l'Américaine.

Quatrain auquel vous substituerez l'épitaphe du gastronome Charles MONSELET *par lui-même, si la sole remplace le homard :*

Versez sur ma mémoire chère
Quelques larmes de chambertin.
Et sur ma tombe solitaire
Plantez des soles... au gratin.

Pour les fromages, vous avez le choix entre FARGUE — Les pieds de Dieu ! *murmurait-il, extasié, en humant un camembert* « fait à cœur » — *ou, dans un genre plus noble, de* GAULLE Comment voulez-vous gouverner un pays où il y a deux cent cinquante-huit variétés de fromages !

Peut-être un gastronome breveté, un énarque de la haute-bouffe, assiste-t-il à ce repas. Ne vous laissez pas impressionner. Neutralisez-le avec quelques recettes de DAC, *bien idiotes :* la confiture de nouilles... le cidre de pommes de pin... la selle de cheval, *plus consistante que la selle d'agneau* (faire tout de même bouillir les étriers à part)... *et,* frais et léger en été, le sandwich à l'alpaga.

Appelez ensuite à la rescousse le « Joseph Prudhomme » d'Henri MONNIER : Je n'aime pas les épinards et j'en suis bien aise. Si je les aimais j'en mangerais et je ne peux pas les sentir

*

Mais pas de bien-manger sans bien boire. Ne manquez pas de saluer les vins au passage, grâce à Marcel E. GRANCHER : Il ne faut jamais boire n'importe où, avec n'importe qui, et surtout n'importe quoi... Il y a plus de vieux vignerons que de vieux médecins... Noë mourut prématurément de ses excès de boisson à neuf cent cinquante ans !...

Ayez une attention particulière pour le beaujolais. Signalez ses vertus aphrodisiaques : C'est un vin qui fait plaisir aux femmes quand ce sont les hommes qui le boivent. (Henry CLOS-JOUVE)... *son pouvoir euphorique :* Plus on en boit, plus on trouve sa femme gentille, ses amis fidèles, l'avenir encourageant et l'humanité supportable. (Gabriel CHEVALLIER)... *son importance en théologie :* Depuis longtemps l'on recherche en quel lieu pouvait se trouver le paradis terrestre. Savants, ne cherchez plus ! le paradis d'Adam et Ève se trouvait assurément près de Quincié-en-Beaujolais. Et ce n'est pas une pomme qui a tenté la première femme, mais une grappe de raisin. (Édouard HERRIOT)

A moins que vous ne murmuriez simplement comme FARGUE : *après avoir claqué la langue :* Un volcan de violettes...

*

Après le dessert (1), on vous propose le café. Répondez à la ALLAIS : Ah ! oui, ce breuvage qui fait dormir quand on n'en prend pas.

A la Vincent HYSPA : Nos aïeux prirent la Bastille. Et nous, messieurs, nous prendrons le café.

Ou à la CHAVAL : Oui, pour moi ce sera un balzac. Noir, sans sucre. Comme qui dirait : « le moka dans la vallée »... A moins que vous n'ayez du Nesbalzac ?

Un bon samaritain vous dira immanquablement : « N'en abusez pas, vous vous tuez. » *Répondez-lui, comme* VOLTAIRE *qui en buvait beaucoup :* Je suis né tué !

(1) L'heure béate... Eugène Labiche ajoutait à ses invitations : « on se tutoiera au dessert. »

Qui dit café dit cigare. Nouvelle offensive secouriste : « *Vous fumez trop, vous mourrez jeune.* » *C'était l'une des recommandations favorites de* Sarah BERNHARDT.

— *Bah ! répliqua un jour Sacha Guitry, mon père a soixante-deux ans et il fume toujours.*

— *S'il ne fumait pas, s'écria-t-elle, il en aurait au moins quatre-vingts !*

Les amateurs de cigares ont toujours une explication toute prête. Winston CHURCHILL : Ne croyez surtout pas que j'en fume toute la journée ! Je suis bien trop tempérant pour cela. Il s'agit en réalité de faux cigares : ils sont creux, et remplis de cognac à l'intérieur.

Lord LYTTON : Un bon cigare est un aussi grand réconfort pour un homme qu'une crise de larmes l'est pour une femme.

KIPLING : Une femme n'est qu'une femme, mais un bon cigare est un régal.

W.-C. FIELDS : Le secret de ma bonne santé, c'est ma tempérance. Je n'ai ni bu d'alcool ni fumé le cigare avant l'âge de neuf ans.

Peut-être préférez-vous la cigarette ? La gauloise bleue, par exemple ? Ce tabac viril et fort, *dit* Ned RIVAL, qui sent l'herbe coupée, la glaise remuée, la laine, le cuir mouillé, le feu de forêt, le wagon d'hommes. *De lui également ce conseil judicieux :* Ne fumez pas le tabac de vos amis sous prétexte que vous ne fumez plus.

A propos des abstentionnistes... tout le monde a entendu, ou dit, cette boutade : Cesser de fumer est la chose la plus aisée qui soit. Je sais ce que c'est : je l'ai fait cinquante fois. *Qui donc se souvient qu'elle est de* Mark TWAIN ?

*
* *

On danse après le dîner...

— *Vous aimez ça ? vous demande-t-on.*

Votre réponse : La danse ?... On ne voit que des figures qui s'ennuient, et des derrières qui s'amusent. (CLÉMENCEAU)

« *TU CAUSES, TU CAUSES...* »

*Selon la forte parole d'*ALLAIS, tout est dans tout, et vice-versa. *C'est surtout vrai dans un grand dîner suivi du café-liqueurs. Le nombre de sujets que peut aborder, en trois heures de conversation décousue, une tablée parisienne, est proprement stupéfiant. Comme est surprenante — le mot est faible — la teneur des commentaires qu'ils provoquent.*

DUMAS fils : Dieu a inventé le Parisien pour que les étrangers ne puissent rien comprendre aux Français.

Tu causes, tu causes... disait Laverdure, le perroquet de la Zazie de QUENEAU.

L'écologie...

On devrait construire les villes à la campagne : l'air y est tellement plus pur ! (H. MONNIER) (1)

Le téléphone

Les Français se divisent en deux catégories : ceux qui attendent le téléphone... et ceux qui attendent la tonalité. (Michel AUDIARD)

Le jardinage

De mémoire de rose, on n'a jamais vu mourir de jardinier. (FONTENELLE)

On ne devrait jamais arracher les navets, cela les abîme. Il est préférable de faire monter un gamin pour secouer l'arbre. (TWAIN)

Les sondages

Les statistiques sont comme les maillots de bain : elles révèlent ce qui est suggestif et cachent ce qui est vital. (Georges VEDEL)

_____

(1) Généralement attribué, à tort, à Allais.

La publicité

Dieu Lui-même a besoin de publicité : il a les cloches. (Aurélien SCHOLL)

La pêche à la ligne

Sa définition par Charlie Chan, le héros de Warner OLAND : Un hameçon à un bout, un optimiste à l'autre bout.

L'homosexualité

Mes tendances me portaient à la chose, mes principes ne s'y opposaient point, mais la laideur de mes contemporains m'a dégoûté de la pratique. (BARBEY d'AUREVILLY)

Ils ont beau ne pas se reproduire, on en rencontre d'année en année davantage. (T. BERNARD)

Les mots croisés

Le mot croisé est une thérapeutique de l'anxiété contemporaine. Si les grands problèmes nationaux et internationaux causent tant d'effroi, c'est qu'il n'est pas certain qu'il y ait une solution. Tandis qu'aux mots croisés, il y en a une. (T. BERNARD)

La prostitution

Pourquoi mépriser les prostituées ? Ce sont des femmes qui gagnent à être connues. (GAVARNI)

La réforme de l'enseignement

Comment se fait-il que, les petits enfants étant si intelligents, la plupart des hommes soient si bêtes ? Ça doit tenir à l'éducation. (DUMAS fils)

J'ai soumis au ministère de l'Éducation un projet d' « *Écoles pour professeurs inadaptés* ». On y refuserait du monde. (Woody ALLEN)

La vertu des filles

Il est bien malaisé de garder un trésor dont tous les hommes portent la clé ! (BASSOMPIERRE)

Quelle différence y a-t-il entre Paris et une jeune fille ? — Réponse : C'est que Paris sera toujours Paris. (Francis CLAUDE)
Elle avait été déniaisée par l'idiot du village. (Alexandre BREF-FORT)

Le recensement

Lancez habilement la conversation sur le dernier recensement. A seule fin de pouvoir placer : La France ne compte *donc plus* 36 millions de sujets... sans compter les sujets de mécontentement. *Histoire de montrer que vous connaissez* Henri ROCHE-FORT *et sa* Lanterne.
(*Vous pourrez même ajouter que ce polémiste était un plagiaire : cette phrase figurait, mot pour mot, dans* Les Pensées d'un emballeur, *de* Louis-Auguste COMMERSON, *publiées quinze ans plus tôt !)*

Les difficultés de la circulation

S'il y a tant d'accidents sur les routes, c'est que nous avons des voitures de demain conduites par des hommes d'aujourd'hui sur des routes d'hier. (Pierre-Jean VAILLARD)
Il n'y a plus de nos jours que deux sortes de piétons : les rapides et les morts. (Jean RIGAUX)
Le chauffeur est la partie la plus dangereuse de l'automobile. (Léo CAMPION)
Art BUCHWALD : Savez-vous pourquoi il y a tant d'églises à Paris ? C'est pour permettre aux piétons d'entrer faire une prière avant de traverser la rue.
Il a dit aussi : Si, à Paris, vous entendez des jurons venant d'une autre voiture, c'est que vous avez fait quelque chose qui met en rage l'autre conducteur parce qu'il n'y avait pas pensé le premier.
Citez également le général de GALLIFFET, *l'homme qui dirigea les exécutions de Communards en 1871. Courant 1907, un reporter lui demande ce qu'il pensait des automobilistes.*
Sa réponse : De mon temps, on les aurait tous fusillés A votre époque de veulerie, ils sont les maîtres. Je m'en fous, je ne sors plus. Salutations. DE GALLIFFET.
Ou, plus près de nous, ce fragment du Journal *d'*Henry de MONTHERLANT *(1962) :* Le fléau de l'automobile est très facile à

réduire, et je l'ai écrit à M. le préfet de Police. L'usage de la voiture dite automobile est réservée aux catégories strictement indispensables à la nation, c'est-à-dire, de façon exclusive, aux médecins, aux ambulances, aux pompiers, à la police et aux académiciens. En dehors de ces catégories, tout possesseur d'une voiture automobile est passible de la peine de mort.

Il n'y a plus de saisons

« Il n'y a plus de saisons ! » Air connu. Pas de dîner où l'on n'en vienne, tôt ou tard, à cette constatation. De tels caprices météorologiques étant dûs, principalement, au nombre accru des essais nucléaires.

Joignez-vous au chœur antique. Donnez lecture de ce petit texte, comme s'il s'agissait d'une information parue dans le France-soir du jour :

Cet été encore, nous n'avons pas d'été. Des savants attribuent la chose à la télégraphie sans fil, à tant d'ondes sans cesse déplacées. La civilisation rendra la vie impossible à l'homme civilisé. Il disparaîtra ; il ne restera plus que des hommes qui ne sauront pas se servir de l'avion, de l'automobile, de la T.S.F. Alors. la vie redeviendra possible.

Prenez un temps. Donnez alors la référence de cette citation : le Journal de Maurice DONNAY, à la date du 16 juin 1928 ! Moralité : plus ça change...

Les impôts

L'argent, cette chose qui vous frôle un instant le bout des doigts, en passant, avant de filer chez le percepteur. (Danny KAYE)

André ROUSSIN, *l'un des recordmen du droit d'auteur :* Le fisc me prend tout ! je fais vivre trois percepteurs. A la Belle Époque, les hommes riches se contentaient d'entretenir des danseuses. C'était tout de même plus amusant !

Les hommes sont des honnêtes gens devenus tristes, parce que ceux qui ont fabriqué les impôts les obligent à être des voleurs. (S. GUITRY)

A. ALLAIS : Il faut demander plus à l'impôt et moins au contribuable.

A force de compliquer les formalités fiscales, on a fait de la fraude un sport et même une science. (Henry de JOUVENEL)

Je vis tellement au-dessus de mes revenus qu'en vérité nous menons, eux et moi, une existence entièrement séparée. (WILDE)

Jean-Roger KAUFFMANN *envisage de soumettre aux pouvoirs publics un nouveau formulaire de déclaration d'impôts. Extrêmement simplifié, d'où son efficacité, il tiendrait en trois lignes :*

A. — Combien avez-vous gagné dans l'année écoulée ?

B. — Combien vous reste-t-il ?

C. — Envoyez-nous B.

On parle d'un gros industriel aux revenus scandaleux. Dites :

— Savez-vous que ce salaud ne paie pas d'impôts ?... Il se contente de téléphoner tous les ans au ministre des Finances. Il lui demande : « Combien vous manque-t-il exactement pour équilibrer le budget ?... Parfait, je vous envoie le chèque. (Bob HOPE, *parlant de Bing Crosby*.)

Robert ROCCA : Faudrait tout de même s'entendre ! Savez-vous ce que j'ai vu sur un écriteau accroché dans une perception : Défense de cracher !

Soyez déférent avec les agents du fisc. Ne dites pas : « le percepteur » (on pourrait comprendre : « le Père Cepteur »). Dites : « Monsieur Cepteur ». Ou, si vous votez à gauche : « Camarade Cepteur ». (Michel CHRESTIEN)

Le dernier conseil de « *Bison fûté* » *:* « Payez moins d'impôts ! Enlevez un zéro. » (HARA-KIRI)

Quant à cet aphorisme sacrilège, il est de T. BERNARD : Qui donne aux pauvres prête à Dieu. Qui donne à l'État prête à rire.

Enfin, pour détendre l'atmosphère :

Bah ! Il y a une chose pire que de payer l'impôt sur le revenu, c'est de ne pas en payer. (Lord DEWAR)

Les rêves

On vous demande si vous rêvez la nuit.

— *Autant que je peux.* Rêver, c'est dormir avec les illustrations dans le texte. (Eugenio d'ORS)

Les bêtes

Paul LÉAUTAUD : Je déteste les bêtes, mais j'adore les animaux.

Les chiens

Pour son chien, tout homme est Napoléon. D'où la grande popularité des chiens. (Aldous HUXLEY)

L'odeur des chiens est délicieuse. (COLETTE. *Pensées de« Toby-chien ».*)

On n'est jamais trahi que par les chiens. (ALLAIS)

Les chats

COCTEAU : J'aime les chats parce qu'il n'existe pas de chats policiers.

RIVAROL : Le chat ne nous caresse pas ; il se caresse à nous.

Dieu a fait le chat pour donner à l'homme le plaisir de caresser le tigre, *a dit* Joseph MÉRY. *Et* Théophile GAUTIER : Les chats sont les tigres des pauvres diables.

Le chat vu par un écrivain réaliste :

Automate moelleux fourni par la nature pour recevoir des coups de pieds quand les choses se gâtent dans le cercle de famille. (Ambrose BIERCE)

Le chat des poètes :

Les amoureux fervents et les savants austères
Aiment d'un même amour, en leur mûre saison,
Les chats puissants et doux, orgueil de la maison,
Qui comme eux sont frileux et comme eux sédentaires.

(BAUDELAIRE)

Je souhaite dans ma maison
Une femme ayant sa raison,
Un chat passant parmi les livres,
Des amis en toute saison,
Sans lesquels je ne peux pas vivre.

(APOLLINAIRE)

Le sport

On vous demande si vous aimez le sport.
— Oui, je suis un contemplateur fervent de l'effort d'autrui. (T. BERNARD)
Le seul sport de plein air que j'aie jamais pratiqué est le jeu de dominos : j'en ai parfois fait une partie à la terrasse d'un café. (WILDE)
Le seul sport que j'aie jamais pratiqué est la marche à pied, quand je suivais les enterrements de mes amis sportifs. (SHAW)

On vous a invité à une partie de golf.
C'est vraiment trop compliqué pour vous !
La définition de ce jeu, par CHURCHILL : Cela consiste à mettre une balle de 4 centimètres de diamètre sur une boule de 40 000 kilomètres de tour... et à frapper la petite boule, pas la grande !
Stephen LEACOCK : La culture Physique et le sport ? Si vous voulez vivre jusqu'à deux cents ans, flanquez-moi au rencart toutes ces foutaises ! Levez-vous à onze heures du matin, fumez comme un sapeur, ne vous pesez jamais, ne prenez jamais de douches glacées mais de bons bains chauds délicieusement émollients. Et surtout, n'ayez pas peur des microbes et autres bacilles. J'ai eu personnellement un bacille nommé Fido, qui venait se coucher sur mes pieds quand je travaillais. Je n'ai jamais eu de compagnon plus affectueux. Enfin, évitez soigneusement de faire du sport : il y a des gens qui sont payés pour ça.
W. ALLEN : J'ai présenté au ministère de la Justice de mon pays un projet destiné à enrayer la vague de criminalité : infliger aux délinquants des peines très sévères, par exemple les obliger à regarder les sports à la télévision.
Vous pouvez poser aussi cette intéressante question :
Si les dames jouaient au rugby, pourraient-elles porter des talons aiguille afin de rendre le jeu plus viril ? (CLODOMIR)

Week-end, vacances, voyages

On ne saurait aller chercher trop loin le plaisir de rentrer chez soi. (Paul MORAND)

Je déteste les aéroplanes car ces appareils sont faits pour gagner du temps et j'aime surtout en perdre. (CHAVAL)

J'adore aller en vacances hors-saison, quand personne n'est en vacances. Quand je me repose, en effet, la pensée que d'autres se reposent aussi suffit à me gâter mon plaisir. (ROCCA)

Deauville

J'aime Deauville parce que c'est près de Paris et loin de la mer. (T. BERNARD)

La Côte

Surtout, si l'on vous demande : « Vous avez vu Monte-Carlo ? », ne répondez pas : « Non, j'ai vu monter personne. » Tout de même pas !

Alors que vous avez à votre disposition la phrase ravissante écrite d'Agay par Alphonse KARR : Tu plantes ta canne, le lendemain un rosier a poussé.

Londres

Je ne comprends pas les Anglais ! Tandis qu'en France nous donnons à nos rues des noms de victoires : Wagram, Austerlitz.. là-bas, on leur colle des noms de défaites : Trafalgar Square, Waterloo Place... (ALLAIS)

Quant à leur Shakespeare... Chexpire, quel vilain nom ! On croirait entendre mourir un Auvergnat. (Victor HUGO)

Et leurs week-ends, donc ! Il n'est pas interdit de penser que, si l'Angleterre n'a pas été envahie depuis 1066, c'est que les étrangers redoutent d'avoir à y passer un dimanche. (Pierre DANINOS)

Copenhague

On vous demande si vous y êtes allé ? Répondez :
— Oui. J'y ai visité le Vatican.
Et si l'on s'étonne :
— Oui, celui de Rome marchait si bien qu'ils en ont construit un à Copenhague. (W. ALLEN)

Francis BLANCHE : Vacances... Si vous n'aimez pas la montagne, si vous n'aimez pas la campagne, si vous n'aimez pas la mer... allez vous faire f...!

L'Espagne

La corrida, c'est les abattoirs de la Villette dans les costumes du Châtelet. (Jacques MARTIN)

L'Histoire

Sachez placer l'anecdote.

Jeanne d'Arc...

Le terroir n'est pas tout. Si Jeanne d'Arc est née à Domrémy, Jeanne Bécu, future comtesse du Barry, « la du Barry » de Louis XV, a vu le jour à Vaucouleurs, la ville voisine. (Édouard HERRIOT)

Surcouf...

Sous Louis XVI... Le baron de SURCOUF, *rude marin s'il en fut, avait été reçu à la cour.*

— Quel genre de bateaux avez-vous commandés, monsieur ? lui demanda la jeune reine, qui était fort ignorante des choses de la navigation.

— Tous les bateaux, Majesté, répondit-il. Je me souviens même d'avoir mouillé aux Antilles avec une baleinière.

— Comment ! s'exclama la souveraine, les femmes, là-bas, pêchent donc la baleine ? (Guy BRETON)

Permanence des rancunes nationales...

Je ne pardonnerai jamais à la perfide Albion d'avoir brûlé Jeanne d'Arc sur le rocher de Sainte-Hélène.

(Le dessinateur CHRISTOPHE, *par la voix de son héros* « *M. Fenouillard* ».*)*

Le théâtre

L'un des convives cite la boutade de Mme SIMONE :

Le public n'écoute pas. Quand il écoute, il n'entend pas. Quand il entend, il ne comprend pas.

Faisant partie du public, ne laissez pas cela sans réponse Ripostez par cette phrase de S. GUITRY :

Les directeurs de théâtre croient qu'ils sont intelligents quand ils ont un succès. Et quand ils ont un four, ils croient que le public est idiot.

On fait, devant vous, l'éloge d'un spectacle vulgaire, en disant : « *Le public s'y amuse.* » *Faites observer :*

— Oui, mais il est le seul !

(Un mot de CATULLE MENDÈS, *à propos d'une opérette qu'il détestait.)*

Enfin, si le titre d'un vaudeville vient dans la conversation, allez-y de ce constat irréfutable :

Le caleçon est au vaudeville ce que la toge est à la tragédie. (Carlo RIM)

Le cinéma et ses substituts amoureux

Si l'on faisait le compte de toutes les Raquel Welch et de tous les Paul Newman qui, dès que s'éteignent les lampes de chevet, se glissent entre les couples... mais la France aurait le double de population ! (Marcel MITHOIS)

Le « phénomène Woody Allen »

Signalez l'existence à Paris de la W.A.W.A. (Woody Allen Welcome Association). *Président :* Max FAVALELLI.

La peinture

A la question : « *Vous vous y connaissez en peinture ?* »...

— A condition qu'ils parlent les premiers, je suis toujours de l'avis des connaisseurs. (William CONGREVE)

W. ALLEN : Par admiration pour Van Gogh, j'ai voulu moi aussi me couper une oreille avec mon rasoir. Je n'y ai pas réussi. Peut-être parce que, moi, je me sers d'un rasoir électrique.

ALLAIS : Les aquarelles faites à l'eau de mer se gondolent à l'époque des grandes marées.

VLAMINCK : Parler peinture, ça fait rigoler la Joconde !

La sculpture

On met des fils de fer autour des pelouses pour empêcher les gens d'y disposer des statues. (DEGAS)

La musique

Pour faire plaisir aux amis qui vous ont invité, s'ils sont mozartiens, citez S. GUITRY :

Quand on a entendu du Mozart, le silence qui suit est encore du Mozart. *Et :* Mozart n'est pas le plus grand des musiciens... c'est le seul.

Ou ce joli mot de MOZART lui-même (l'explication la plus vraie que l'on ait trouvée du génie musical) : Je mets ensemble les notes qui s'aiment.

Si vous voulez, par contre, les hérisser :

Wolfgang Amadeus Mozart, qui fut un grand séducteur, au point que même à Francfort, on l'appelait « la saucisse de Salzbourg »... (Pierre DESPROGES)

Ou, s'ils sont wagnériens : La musique de Wagner est bien meilleure qu'on pourrait le croire à l'entendre. (TWAIN)

S'ils sont beethovéniens : Beethoven était tellement sourd que, toute sa vie, il a cru qu'il faisait de la peinture. (CAVANNA)

S'ils préfèrent Jean-Sébastien, le « Cantor » de Leipzig, vous avez le choix entre la grande COLETTE : Bach, divine machine à coudre... *et le petit DESPROGES :* Comme disait son heureuse fiancée : J'ai eu mon Bach du premier coup.

Vous pourrez compléter avec quelques pensées choisies : La musique est le plus cher de tous les bruits. (Th. GAUTIER)

Le principal inconvénient des instruments à vent est qu'ils prolongent la vie du musicien. (SHAW)

Un mélomane, c'est un monsieur qui, entendant Ornella Muti chanter dans sa salle de bains, s'approche du trou de la serrure... pour y coller son oreille. (W. ALLEN)

Et, s'il y a un Anglais dans l'assistance :

Les Anglais n'aiment pas la musique. Ils aiment simplement le bruit qu'elle fait. (WILLY)

Les Anglais sont le meilleur public du monde : ils applaudissent toujours. Même quand vous jouez bien. (Arthur RUBINSTEIN)

La science

Ne vous laissez pas déborder par les scientistes présents, qui n'ont que trop tendance à vous parler de technicien à profane.

(*Tous gens néfastes s'il en fut.* Il faut se méfier des ingénieurs, ça commence par la machine à coudre et ça finit par la bombe atomique. PAGNOL)

Dès qu'ils ont terminé leur démonstration, ironisez : Ben voyons ! puisque ces mystères nous dépassent, feignons d'en être l'organisateur. (COCTEAU)

Donnez-leur ensuite quelques échantillons de votre géométrie personnelle :

Le carré est un triangle qui a réussi, ou une circonférence qui a mal tourné. (P. DAC)

J'ai rencontré Isocèle : il a une idée pour un nouveau triangle. (W. ALLEN)

Et s'ils évoquent la toute dernière découverte faite par quelque chercheur américain, contre-attaquez en citant les surprenantes inventions de quelques petits gars de chez nous :

Gaston de PAWLOWSKY : le chapeau melon vitré pour skating à mouches... la passoire à un seul trou... l'équilibreur de tartines... les affiches horizontales pour ivrognes...

ALLAIS : le coton noir pour oreilles de personnes en deuil... la casserole carrée pour empêcher le lait de tourner... les plantes grimpantes pour monter le courrier dans les étages... les balayeuses municipales à rouleaux de papier buvard, pour assécher les rues après la pluie... un amidon bleu-blanc-rouge pour maintenir les drapeaux déployés les jours où il n'y a pas de vent... l'aquarium en verre dépoli pour poissons rouges timides...

Ou ce grand ami de la France qu'est Salvador DALI : les montres molles... le taxi pluvieux (à l'intérieur duquel, grâce à un système de douches, il pleut même par beau temps)... les souliers à ressort pour faciliter la marche... les faux seins pour porter dans le dos... *et* les pains de boulanger hauts de quarante mètres, destinés à être dressés à l'angle des rues afin de crétiniser le peuple par l'étonnement.

La médecine

S'il y a parmi les convives un médecin, allez-y d'une anecdote sur les ordonnances illisibles :

— *La dernière que m'a remise un de vos confrères* était si mal écrite que le pharmacien n'a pas pu la lire. Par contre, j'ai pu m'en servir pour prendre le train, elle m'a permis d'aller à un concert et dans un stade, je n'ai eu qu'à la montrer au caissier de mon entreprise pour obtenir une avance, et ma fille l'a jouée au piano dans une fête de charité. (Bennett CERF)

Ajoutez-y une ou deux parfidies :
La morphine ? ç'a été inventé pour que les médecins dorment tranquilles. (S. GUITRY)
La goutte, c'est le nom que donnent les médecins au rhumatisme d'un malade riche. (A. BIERCE)

La littérature

Critiquez les traducteurs : Les traductions sont comme les femmes. Lorsqu'elles sont belles, elles ne sont pas fidèles, et lorsqu'elles sont fidèles elles ne sont pas belles. (T. BEN JELLOUN)
Donnez cette définition du Romantisme, par Léo CAMPION · De la fleur bleue plein la braguette.
Laissez tomber quelques jugements définitifs :
Loti ? Pierre Loto, lieutenant de vessie. (ALLAIS)
Ce siècle avait trente ans, Rome remplaçait Sparte Déjà Caméléon perçait sous Malaparte. (Yvan AUDOUARD)
Et si l'on dénigre devant vous Victor Hugo (il est assez bien porté de le snober) :
Allez-y, ne vous gênez pas ! Hugo, c'est un fleuve : on peut pisser dedans ! (TAILHADE)
Enfin si, par chance, il y a parmi vos interlocuteurs un écrivain dont la notoriété vous agace, ne le ménagez pas.
S'il joue les penseurs, dites-lui : Vos idées ressemblent à des vitres entassées dans le panier d'un vitrier : claires une à une, et obscures toutes ensemble. (Jules RENARD) *Et aussi :* A force d'aller au fond des choses, on y reste. (COCTEAU) *Et encore .* Vous psycholez trop ! (C. RIM)
S'il joue les pédants : La culture, c'est comme la confiture · moins on en a, plus on l'étale. (Jean DELACOUR)
Si vous avez appris qu'il a aussi une licence de philo · La philosophie a ceci d'utile qu'elle sert à nous consoler de son inutilité. (COMMERSON)
Achevez-le avec cette phrase de Claude ROY · Nous avons le

privilège d'être le peuple le plus riche en écriveurs, écrivistes, écrivants, écrit-vents, écrivagues, écritiques ; écrivoques, écriphages et autres écrimoires.

La poésie et les poètes

Une jolie occasion de placer deux ou trois jolies choses :
Griveleur de la vie, le poète paie son écot en monnaie de songe. (V. LESTIENNE)
Le poète sait jouer sur une harpe sans cordes, et sait ensuite répondre à ceux qui prétendent n'avoir pas entendu la musique. (LAO-TSEU)
Dieu a laissé les poètes dans les sociétés qui tombent, comme les nids d'oiseaux dans les arbres morts, pour les consoler. (Frédéric OZANAM)
Un poète doit laisser des traces de son passage, non des preuves. Seules les traces font rêver. (René CHAR)

La Justice

Impressionnez votre auditoire en citant MALRAUX : Juger, c'est de toute évidence ne pas comprendre puisque, si l'on comprenait, on ne pourrait pas juger.
Aussi Mᵉ Stephen HECQUET : La Justice, cette forme endimanchée de la vengeance.
... Willy de SPENS : Tout est truqué dans les procès depuis celui du Christ dont on n'a pas fini de parler.
Et même, sur votre lancée, LAO-TSEU : ...Quand les bons sentiments disparurent, la justice les remplaça. Un jour la justice disparut, restèrent alors les cérémonies.
Descendez rapidement de ces hauteurs, avec Marcel AYMÉ : Si la Vérité ne sort pas du puits, c'est qu'elle a peur de se mouiller.
... Anatole FRANCE : La majestueuse égalité des lois interdit aux riches comme aux pauvres de coucher sous les ponts, de mendier dans les rues et de voler du pain.
... Henry SOMM, *de l'équipe du Chat-Noir :* Évitez l'assassinat, il conduit au vol et ce dernier est presque toujours le chemin de la dissimulation (1).

(1) Somm jouissait d'une excellente mémoire. Voici ce qu'avait écrit un siècle plus tôt l'Anglais Thomas de Quincey, dans *De l'assassinat considéré comme des beaux-arts :*

... DONNAY *traitant du crime passionnel :* En général, les maigres sont plus violemment aimées que les rondes. Elles sont aimées jusqu'au crime, car la passion s'accroche aux angles. Les rondes, on les pelote. Les maigres, on les tue.

Pour terminer sur ce mot de Me Gabriel DELATTRE : Au Palais, tout le monde attend : le client attend l'avocat, l'avocat attend le juge, et le juge attend de l'avancement.

Mais peut-être parlera-t-on de la dernière escroquerie qui a fait la une des journaux ?...

Rappelez le projet lancé par Georges de la FOUCHARDIERE *dans les années 30, où fleurissaient les scandales financiers incarcérer, non plus les escrocs, mais leurs victimes.*

Si vous arrêtez un escroc, *expliquait-il,* ses victimes recommencent à économiser, et il peut les dépouiller de nouveau quand il sort de prison. Tandis que, si vous mettez les victimes à l'ombre et pour longtemps, les escrocs, privés de leur gagne-pain, devront changer de métier et devenir honnêtes.

$$\text{*} \atop \text{* *}$$

Il n'est pas exclu qu'au cours du dîner, l'on aborde le problème de feu la peine capitale, toujours brûlant.

A qui en appeler si vous êtes « pour » ?

A A. KARR, *bien sûr :* Que messieurs les assassins commencent.

ET à DIDEROT : La peine de mort tue moins que le rhume

Si vous êtes « contre »...

VOLTAIRE : Un pendu n'est utile à personne.

HUGO : On tue les tigres pour la peau et les assassins pour l'exemple. *Et aussi :* Le sang se lave avec des larmes, non avec du sang. Tant que la peine de mort existera, on aura froid en entrant dans une cour d'assises, et il y fera nuit.

L'humoriste anglais JERROLD : Tenter de réformer un homme

Si un homme se laisse un jour aller à assassiner, il en vient très vite à considérer le vol comme une babiole et du vol il passe à la boisson et à la transgression du jour du sabbat, et finit par sombrer dans l'incivilité et la paresse est un travail ingrat et d'un succès douteux. Le pendre est l'affaire d'un instant.

Et même COCTEAU : L'assassinat sous toutes ses formes relève du style passionnel. L'assassinat légal relève de la maison close. Il est possible qu'il soit indispensable, mais il est sinistre.

La prochaine guerre atomique

Forcément ! un colonel de carrière en disponibilité assiste au dîner.

Faites-lui une blague... criez-lui sous le nez : Rendez-vous, mon colonel ! *Puis, après un temps :* Je veux dire : rendez-vous à l'évidence. (COCTEAU)

Vous pourrez peut-être vous mêler à la conversation, par le biais de Sam GOLDWYN : On a grand tort de sous-estimer la puissance terrible de la bombe atomique. La bombe atomique. c'est... c'est de la dynamite !

... de CHRESTIEN : La stratégie, cela consiste à continuer à tirer pour faire croire à l'ennemi qu'on a encore des munitions.

... du général Paul VANUXEM : En matière de tactique, il y a toujours deux solutions : la bonne et celle de l'École de Guerre.

*... d'*Alfred JARRY : Le drapeau porte à sa base une grosse excroissance que l'on appelle le porte-drapeau.

Mais sans doute vos interventions feront-elles long feu. Résignez-vous alors... de guerre lasse, à délivrer votre festival de citations pacifistes :

Une chose n'est pas obligatoirement bonne parce qu'un homme meurt pour elle. (WILDE)

On peut tout faire avec des baïonnettes, sauf s'asseoir dessus. (NAPOLÉON)

L'homme se tient debout sur ses pattes de derrière, pour recevoir moins de pluie et pouvoir accrocher des médailles sur sa poitrine. (Jean GIRAUDOUX)

Le patriotisme, c'est simplement votre conviction que, du moment que vous y êtes né, votre pays est nécessairement supérieur à tous les autres. (SHAW)

La Justice militaire est à la Justice ce que la musique militaire est à la musique. (CLEMENCEAU)

A la caserne, on ne fait rien, mais on le fait tôt, et ensemble. (Jacques DEVAL)

Finissez tout de même par vous excuser, en disant avec un sourire contrit :
— *Pardonnez-moi.* La guerre n'est supportable que sur le ton de la dérision. (AUDIARD)

Vous savez bien, au demeurant, qu'il y aura toujours des guerres... La guerre commence chaque matin à 7 heures entre les assis et les debout dans les trains de banlieue et ne finit jamais. (René GARBY)

Dieu et l'Au-delà

Un thème qui peut vous fournir l'occasion de quelques propos hardis :
Il n'y a que Dieu qui ait le droit de tuer Son semblable. (H. MONNIER)
Le Christ est le seul anarchiste qui ait réussi. (MALRAUX)
Mais que foutait Dieu avant la Création ? (Samuel BECKETT)
Ne disons pas de mal du Diable : c'est peut-être l'homme d'affaires du Bon Dieu. (FONTENELLE)

★
★ ★

Concernant l'Au-delà, vous pouvez vous en tirer comme T. BERNARD · Je n'ai pas d'opinion là-dessus, m'étant plutôt spécialisé dans l' « En deçà ».
Il finissait par ajouter, si on le pressait : J'ai tout de même une préférence. Certes j'aimerais bien le Paradis, à cause du climat. Mais l'Enfer doit être joliment plus agréable à cause de la compagnie.
CHAVAL, *lui, « y croyait »* : Un Au-delà ? pourquoi pas ? Pourquoi les morts ne vivraient-ils pas ? Les vivants meurent bien !
Woody ALLEN *se tâte :* Y a-t-il un Enfer ? Un Dieu ? Un Paradis ?... Ah ! une question fondamentale : y a-t-il des filles ?
De toute façon, Woody croit aux miracles : Le dernier dont j'ai bénéficié date à peine d'hier. Je portais une balle de revolver dans ma poche. Quelqu'un m'a lancé une Bible. La balle m'a sauvé la vie.

Quant à Dieu .. Si seulement Il voulait m'adresser un signe de Son existence... S'Il me déposait un bon paquet de fric dans une banque suisse, par exemple !

*
* *

Ah ! le vieux problème de l'existence de Dieu...
La plupart des Anglais sont convaincus que Dieu est un Anglais, probablement élevé à Eton, et que tout étranger en désaccord là-dessus devrait être fusillé. (E.-M. DELAFIELD)
BREFFORT *reprochait au Créateur ses manières :* Dieu est un vieux monsieur qui adore se faire prier.
VOLTAIRE *gardait ses distances :* Nous nous saluons, mais nous ne nous parlons pas (1).
BAUDELAIRE *se voulait incroyant.* N'insistez pas : je ne crois pas en Dieu ! *déclarait-il au journaliste catholique* Louis VEUILLOT.
— Oh ! *répliqua celui-ci,* qu'Il en sera contrarié !
Le dessinateur CHAVAL *était un croyant déçu :* Mon père est mort malgré toutes mes prières. Je n'avais pas été exaucé, j'ai perdu la foi. Cela a été très simple : puisque c'est ainsi, je ne m'adresserai plus à cette maison.
Autres mécréants :
RENAN, *à qui l'on demandait :* « *Dieu existe-t-il ?* »...
— Pas encore.
Idée reprise par SHAW : Dieu, pour moi, n'existe pas encore. Mais qu'il ne se décourage pas : il est en bonne voie, et finira par y parvenir.
Jacques PERRY : Dieu est inutile. Le dictionnaire le remplace.
STENDHAL : Ce qui excuse Dieu, c'est qu'il n'existe pas.
Miguel de UNAMUNO *a fort bien résumé le problème :* Je suis athée, Dieu merci !
Tout cela n'est pas bien méchant : Derrière chaque blasphème se cache un bénitier, *a écrit* Georges SCHÉADÉ.
Nier Dieu, *d'ailleurs,* c'est se priver de l'unique intérêt que peut avoir la mort. (S. GUITRY)

(1) Prêté aussi à Piron, et au conseiller Bautru.

Et puis, n'oublions pas que VOLTAIRE *lui-même a dit :* Si Dieu n'existait pas, il faudrait l'inventer.

Sans compter la preuve la plus irréfutable de Son existence qu'a apportée Aurélien SCHOLL : Voyons, si Dieu n'existait pas, comment aurait-il eu un fils ?

*
* *

*Combien rafraîchissantes, après tout cela, sont les modestes pensées d'*Abraham LINCOLN, *ce grand honnête homme :*

Quand je fais le bien, je me sens bien ; quand je fais le mal, je me sens mal. Voilà toute ma religion.

Et : Chaque fois que, au cours de ma vie, j'ai vu un chardon, je l'ai arraché et, à la place, j'ai planté une rose.

Le hasard et la chance

Sa Sacrée Majesté le Hasard, *comme l'avait baptisé* Frédéric de PRUSSE.

CAPUS : Le hasard, c'est souvent la volonté des autres.

Edouard PAILLERON : Le hasard ? Mais c'est Dieu qui garde l'anonymat. *Le R. P. BRUCKBERGER n'est pas d'accord :* Le hasard ressemble à Dieu comme un épouvantail dans un champ ressemble à un homme armé : seuls les étourneaux s'y laissent prendre.

*
* *

Quand le hasard vous favorise, il prend le nom de « chance »
La chance est la forme laïque du miracle. (PAUL GUTH)
La chance ? bien sûr que ça existe. Sans cela, comment expliquerait-on la réussite des autres ? (ACHARD)
La malchance, hélas ! existe aussi. La guigne. La poisse. La Cerise *d'*Alphonse BOUDARD : Si elle me colle au train, la salope ! Toujours là, fidèle comme un chien, fidèle à la mort... C'est ça, « la Cerise » : l'existence entre chien et loup, entre deux douleurs, entre deux gendarmes.

*

Quelqu'un prononce le mot de « Providence...

Je conçois que les araignées nomment Providence le pouvoir qui leur amène des mouches à dévorer ; mais je ne sais comment les mouches doivent l'appeler. (J.-B. SAY)

La politique

Il faut bien en arriver à parler politique. Vous avez beau ne pas vous occuper de politique, la politique s'occupe de vous tout de même. (GLADSTONE)

Si l'un des convives proclame : Moi, je n'ai pas d'opinions politiques, *dites-lui aimablement :*

— Prenez donc les miennes.

C'est ce que fait dans ce cas-là le président Edgar FAURE. *Au risque de s'entendre répondre :*

— Non, merci, je ne veux pas vous en priver.

*

La politique, tout le monde est contre. Allez-y gaiement !

La politique consiste à empêcher les citoyens de s'occuper de ce qui les regarde. (VALÉRY)

C'est par une grâce de Dieu que nous possédons, dans notre pays, ces trois choses indiciblement précieuses : la liberté de parole, la liberté de conscience, et la sagesse de ne jamais mettre en pratique ni l'une ni l'autre. (TWAIN)

Il y a deux sortes de bergers parmi les pasteurs des peuples : ceux qui s'intéressent aux gigots, et ceux qui s'intéressent à la laine. Aucun ne s'intéresse aux moutons. (ROCHEFORT)

Vous pouvez tromper un petit nombre de personnes tout le temps. Vous pouvez tromper tout le monde un certain temps. Vous ne pouvez pas tromper tout le monde tout le temps. (LINCOLN)

En politique, plus ça change, plus c'est la même chose. (A. KARR)

La politique, c'est comme la musique ou la prostitution : il faut commencer jeune. (Pierre-Jean VAILLARD)

CHAMFORT : Sans le gouvernement, on ne rirait plus en France. *Déjà !*

La toute-puissante Administration...

La France est une bureaucratie tempérée par l'instabilité gouvernementale. (GIRAUDOUX)

Il semble que la bureaucratie ait, en France, pour unique fonction de ne rien faire et de tout empêcher. Si tel en effet est son rôle, il faut convenir qu'elle le remplit de façon irréprochable. (Mme de GIRARDIN)

Les fonctionnaires sont comme les livres d'une bibliothèque : les plus haut placés sont ceux qui servent le moins. (P. MASSON)

Un ministère est l'endroit où ceux qui arrivent en retard croisent dans l'escalier ceux qui partent en avance. (COURTELINE)

Il y a au nombre des invités un député de la majorité (l'ancienne ou la nouvelle, peu importe — un député). S'il déclare d'une voix vibrante : Il faut refaire la France !... *faites-lui observer :*

— Comme si elle n'était pas toujours refaite !

*(De nombreux polémistes ont repris ce mot. Il est, à l'origine, d'*Aurélien SCHOLL.*)*

*

Au demeurant, majorité et opposition, il vous sera facile de les mettre d'accord :

La majorité a toujours tort. Parce qu'elle est composée d'imbéciles.

La minorité aussi est composée d'imbéciles. Mais ils sont moins nombreux. (Léo CAMPION)

L'Opposition se garde bien de demander ce qu'elle pourrait obtenir, car alors il lui faudrait être contente, et être contente, pour l'Opposition, c'est cesser d'être. (A. KARR, *dans* Les Guêpes, *1849.*)

Cas particulier : vous-même êtes député, et l'on est à la veille d'un bouleversement politique. Jouez franc-jeu :

Je ne sais ce qui arrivera, mais s'il y a un coup de balai, je tâcherai de me mettre du côté du manche. (Comte de MORNY)

* *
*

Député ou pas, vous avez vos opinions. Vous êtes « de gauche » ou « de droite ». La droite se réclamant de la phrase historique de GOETHE : J'aime mieux une injustice qu'un désordre. *La gauche préférant le contraire (1).*

*   *

Première hypothèse d'école : vous êtes de droite...

Les choses ne sont pas bonnes parce qu'elles sont anciennes : elles sont anciennes parce qu'elles sont bonnes. (*Bâtonnier* André TOULOUSE)

Dans Parlement il y a parle et ment. (L. CAMPION)

De temps en temps, on devrait fusiller deux ou trois bons députés, pour les empêcher de se contaminer au contact des autres. (ROCCA) *(L'antiparlementarisme est toujours payant.)*

A propos d'un nouveau ministère : N'importe qui étant bon à n'importe quoi, on peut n'importe quand le mettre n'importe où (Charles BENOIST)

RIVAROL :

Mes théories politiques tiennent dans ce double axiome : 1° La souveraineté réside dans le peuple. 2° Le peuple ne doit jamais l'exercer.

Loin d'avoir gagné à la Révolution, les pauvres y ont encore plus perdu que les riches, car ils y ont perdu les riches eux-mêmes.

Tant qu'on n'est pas propriétaire, on ne peut s'imaginer combien il est ignoble de porter atteinte à la propriété. (T. BERNARD)

Le travail est la plaie des classes qui boivent. (WILDE)

La forme même des Pyramides d'Égypte nous apprend que, dès la plus haute Antiquité, les ouvriers avaient tendance à en faire de moins en moins. (Will CUPPY)

Toujours de droite : un zeste d'anticommunisme...

Appelez le programme électoral du P.C. : L'Évangile selon saint Marx. (L. CAMPION)

Si l'on s'étonne devant vous : Comment Aragon a-t-il pu être communiste ?... *répondez !*

(1) Selon le général de GAULLE, la gauche était « pour le peuple contre l'État », la droite « pour l'État contre le peuple ».

— Mais il n'était pas communiste ! Ce sont les communistes qui étaient aragonais ! (C. RIM)

Citez Henri JEANSON : Le capitalisme, c'est l'exploitation de l'homme par l'homme. Et le marxisme, c'est le contraire.

... Gilbert CESBRON : L'apiculteur de notre village était communiste par amour des abeilles, à force d'admirer leur organisation. On le taquinait à propos de la reine.

Rien ne vous interdit d'appeler un communiste peu sérieux : Ce marxiste de la tendance Groucho. *Cette expression, qui a fait fortune, a été employée pour la première fois par* JEANSON *(à propos d'Emmanuel d'Astier de la Vigerie).*

*
* *

Seconde hypothèse d'école : vous êtes de gauche...

Toutes les fois qu'on est mieux chez soi que dans la rue, on doit être battu par ceux qui sont mieux dans la rue que chez soi. (Jules VALLÈS)

L'homme ne peut pas vivre sans feu et l'on ne fait pas de feu sans brûler quelque chose. (René DAUMAL)

La Révolution, c'est un bruit de bottes vernies qui descendent, et de souliers ferrés qui montent. (André RIBAUD)

Un régime totalitaire est un régime où tout ce qui n'est pas interdit est obligatoire. (Curzio MALAPARTE) (1)

La démocratie, c'est quand on sonne chez vous à 6 heures du matin... et que c'est le laitier. (JEANSON)

Vox populski vox Deïef. *(Proverbe en faux russe inventé par* André WURMSER.*)*

*
* *

Mais les pensées et boutades politiques sont comme le sabre que Joseph Prudhomme destinait à « défendre les institutions et au besoin à les combattre » : on peut les retourner à volonté. Robert de JOUVENEL, *dans son* Journalisme en vingt leçons *(paru il y a quelque soixante ans) donnait ces cyniques conseils .*

Si vous voulez critiquer le suffrage universel : « Selon le mot de

(1) Attribué aussi à Henri Jeanson.

Rochefort, que penser d'un pays où l'on ne peut rien faire sans consulter trente-huit millions d'imbéciles ? » Si vous voulez en faire l'éloge : « Il y a quelqu'un qui a plus d'esprit que M. de Voltaire, c'est M. Tout-le-monde. » Et voilà !

*
* *

En conclusion ?... Soyez, comme JEANSON, *un* anarchiste modéré. *Voire, comme* ROCCA, *un anarchiste discipliné :* si je traverse toujours entre les clous, c'est uniquement pour narguer les flics, qui sont furieux de ne pas pouvoir m'épingler.

Et si un indiscret vous demande à quel parti politique vous appartenez...

... imitez le robuste bon sens de ce citoyen à qui le président du tribunal révolutionnaire demandait : « Es-tu modéré, royaliste, fédéraliste ? »

— Je suis ébéniste, *répondait-il obstinément.*
(LA FAYETTE le cite dans ses Mémoires.)

. . . .

La règle d'or du parfait convive dans les dîners en ville :
L'homme aimable est celui qui écoute en souriant les choses qu'il sait dites par quelqu'un qui les ignore. (Maurice DONNAY)

CIVILITÉS

Mais pourquoi garder exclusivement son esprit ou sa mémoire pour les dîners en ville ? La « civilité puérile et honnête », celle qui préside à nos rapports avec les indifférents dans le quotidien, ne saurait s'en passer.

Quand on lui disait : « Bonjour », ALLAIS *répondait, bougon*

— Bonjour vous-même !

Et, à « Cher monsieur » :

— Cher monsieur vous-même !

COURTELINE *annonçait, pour prendre congé :* Il n'est si bonne compagnie qui ne se quitte... comme disait François 1er en flanquant ses chiens à l'eau.

*

A la question : « Comment allez-vous ? », répondez n'importe quoi mais, de grâce ! soyez bref. Sous peine de provoquer une réaction à la Sacha GUITRY :

— Mais non, madame ! quand je vous ai demandé comment vous alliez, ce n'était pas pour entendre le récit détaillé de vos migraines hépatiques, c'était pour que vous me répondiez simplement : « Pas mal et vous ? »

A la rigueur, permettez-vous une courte phrase, à la SWIFT ·

— *Comment allez-vous ?*

— Comme un savon : toujours en diminuant.

Boni de CASTELLANE *pouvait être lui aussi un interlocuteur*

to day is the first day of the rest of your life

pressé. Un raseur croisé dans la rue lui demandait : « Comment allez-vous ? »

— Très vite ! *répliqua-t-il sans s'arrêter, (1).*

*

A la question : « Quoi de neuf ? » JOUVET *répliquait invariablement : —* Molière. *Vous pouvez changer, répondre : « Ionesco. » Ou : « Françoise Dorin. » Mais ça ne voudra plus rien dire.*

*

Si l'on vous demande votre âge, vous avez le choix entre plusieurs réponses :

ALLAIS : Impossible de vous dire mon âge : il change tout le temps !

S. GUITRY quinquagénaire : J'ai 50 ans, ce qui n'est pas si mal pour un homme de mon âge.

« Un homme de mon âge... Faire ça à un homme de mon âge... » C'est le leitmotiv des vieillards. C'était celui du Père Soupe dans Messieurs les ronds-de-cuir. COURTELINE *lui faisait répondre par la voix du jeune Lahrier :*

— Homme de votre âge, fermez ça !... Vous m'agacez, homme de votre âge !

*

Un quidam vous demande un renseignement... donnez-le lui. En le prévenant charitablement :

— Bien que ce renseignement soit faux, je ne le garantis pas.
C'est ce que faisait Eric SATIE, *répondeur redoutable.*

*

Quand on lui demandait son nom, il déclarait :

— Je m'appelle Eric Satie comme tout le monde.

(1) Cas particulier : vous êtes médecin et rencontrez un confrère Dites-lui d'entrée :
— Vous, vous allez bien. Et moi ?

Et, quand on lui demandait s'il était Français :
— Bien sûr ! Pourquoi voulez-vous qu'un homme de mon âge
ne soit pas Français ?

*

*Un agent, ou un guichetier administratif, vous demande votre
profession. Répondez, comme le fait* Antoine BLONDIN :
— Docker honoris causa.
Il y a trente ans, je vous aurais plutôt conseillé la réponse de
BREFFORT :
— Monologuiste intérieur dans une usine existentialiste.
*Mais qui se souvient aujourd'hui de l'existentialisme ! Et du
monologue intérieur, donc !*

*

Au vestiaire d'un théâtre.
*Un monsieur obligeant essaie de vous aider à remettre votre
pardessus. Protestez :*
— Non, merci, vraiment : je ne peux déjà pas y arriver tout seul !
(T. BERNARD)

*

*On vous fait une proposition vraiment inacceptable. Déclarez
d'une voix ferme !*
— N'insistez pas. Ma réponse tient en trois mots : « Im-pos-
sible ! » (Sam GOLDWIN)

*

Comment éluder les questions indiscrètes...
— *Que mettez-vous pour dormir ?*
— Du « 5 de Chanel ». (Marilyn MONROE)
— *Et vos parents... que font-ils ?*
— Mes parents ? *(Vous jetez un coup d'œil à votre montre.)*
Mes parents ? à cette heure-ci, ils déjeunent. (P.-J. TOULET)

En visite... Ne manquez pas de dire, si l'on ne vous a pas offert de chaise :
— J'ai bien de quoi m'asseoir, mais je ne sais pas où le mettre. (F. BLANCHE)

C'est vous qui recevez...
Ayez l'accueil cynique :
— Mangez et soyez le bienvenu. Ne mangez pas et soyez davantage le bienvenu. (Tony MAYER)
— Mettez-vous à l'aise, ici ce n'est pas le Ritz... Mais si c'était le Ritz, vous n'y seriez pas. (Groucho MARX)

*

La pluie et le beau temps...
Dans Sa bonté infinie, Dieu a donné la pluie aux Anglais afin de leur fournir pour l'éternité un sujet de conversation. (Chester ANTHONY)
Aux Français aussi : Si le temps ne changeait jamais, la moitié des hommes n'aurait aucun sujet de conversation. (J. RENARD)
Le soleil brille...
Il fait rudement chaud pour une si petite ville ! (ALLAIS)
Ce n'est pas pour me vanter... mais il fait joliment chaud aujourd'hui ! (LABICHE)
La pluie tombe...
Croyez-moi, il vaut encore mieux du mauvais temps que pas de temps du tout ! (Gabriel de LAUTREC)
Vous l'aviez d'ailleurs prédit :
Quand le baromètre se passe la patte derrière l'oreille, c'est que le chat est à la pluie. *(L. CAMPION)*

*
* *

Drôles d'épistoliers...
Dans votre correspondance, essayez d'imiter leur style, justement parce qu'il est inimitable.

ALLAIS, *quand il écrivait à un ami marié, utilisait cette formule terminale :*

Amitiés à ta femme. Caresses distraites aux enfants.

Et, s'il répondait à une lettre avec six mois de retard :

Excuse-moi de ne pas t'avoir répondu plus tôt, mais quand le facteur a sonné, j'étais au fond du jardin. *(Lettre à Tristan Bernard.)*

Quant à JARRY, *il commençait ses lettres aux amis par ce sigle :*

C.V.A. & B.A.

(Cher Vénéré Ami et Bougre d'Ane)

VOS PROCHES ET VOUS

PARENTS

« Tes père et mère... »
Mes parents, malgré le bruit de la rue, s'entendaient bien. *)*
(P. DAC)

Mon père était un gaillard qui, parti un matin acheter des cigarettes, ne revint que quinze mois plus tard : il avait eu brusquement envie d'aller à Madagascar. (Marcel E. GRANCHER)

Mon père était tailleur : on reconnaissait ses clients à ce qu'ils avaient tous une jambe de pantalon plus longue que l'autre ou une manche plus courte... Ma mère adorait les enfants, elle aurait *)* donné n'importe quoi pour que j'en sois un. (Groucho MARX) *)*

Pratiquez l'irrespect filial...

Si votre papa vous adresse des compliments, répondez-lui sans rire :
Crois bien que je suis très fier d'avoir l'estime d'un homme dont *||* j'ai toujours entendu mon père dire le plus grand bien.

(La réponse de DUMAS fils à Dumas père, qui lui avait écrit pour le féliciter du succès de la Dame aux camélias. Le fils disait Mon père, ce vieil enfant que j'ai eu étant jeune.)

*

Déclarez noblement, comme le faisait Dean MARTIN *dans son show télévisé :* — Je n'ai jamais raconté en public une histoire drôle que je n'aurais pas osé raconter devant ma mère.

— *Et où est-elle, ta mère ? demandait alors Frank Sinatra.*

— Ma mère ? Elle fait du strip-tease à Broadway.

*

Le dernier mot du peintre TOULOUSE-LAUTREC *regardant, de son lit de mort, son père le comte Alphonse qui, debout contre la fenêtre, était très absorbé à attraper des mouches :*
— Vieux con !

*

Évoquez toujours avec émotion vos souvenirs d'enfance :
Mon père disait que je mourrais un jour sur l'échafaud. Maman protestait pour la forme : « Ne voyons pas tout en noir, il sera peut-être grâcié. » (Fernand TRIGNOL)
Les parents de BREFFORT *étaient plus pessimistes encore :*
Si tu continues, *me disaient-ils,* tu mourras de faim sur l'écha-faud.
Ce qui, on en conviendra, est bien la pire des disgrâces.

* *

Non, la vie d'un fils ou d'une fille n'est pas rose ; enfants qui me lisez, ne vous laissez pas faire ! On vous brime ! C'est le fils qui, à sa majorité, devrait reconnaître son père, à condition qu'il l'en juge digne. (GIRAUDOUX)
Quand on vous fait un cadeau, refusez de dire merci : Ce ne serait plus un cadeau. « Merci », ça sert à payer. *(Le jeune* Frédéric PAGNOL, *fils de Marcel.)*
En classe, travaillez modérément :
A quoi bon apprendre ce qu'il y a dans les livres, puisque ça y est ? (S. GUITRY)
Inutile de rien apprendre pendant sa vie, puisqu'on saura tout après sa mort. (DUMAS fils)
Les examens ?... De la pure blague ! Si un homme est un gentleman, il en sait assez. Et s'il n'est pas un gentleman, tout ce qu'il sait lui est nuisible. (WILDE)
Faites vôtre le projet soumis aux pouvoirs publics de son pays par Woody ALLEN *:* Suppression pure et simple des examens

Plus d'intermédiaire! Directement du livre au professeur, sans
passer par l'élève.
Peut-être un jour en finirons-nous avec l'horrible bac. Le bac, c'est
comme la lessive : on mouille, on sèche, on repasse. (Henri
TROYAT)

.*.

*Un autre impératif vous attend : le mariage. Dès vos 18 ans
révolus, vos parents vont vous presser de « prendre femme ».
Demandez, comme le fit* Alexandre DUMAS fils *à Alexandre père :*
    — La femme de qui, papa ?
*Vous savez bien en effet qu'*un fils unique qui se marie perd sa
mère et gagne deux belles-mères. (T. BERNARD)
... et que le plus beau tour que l'on puisse jouer à une belle-mère
est de ne pas épouser sa fille. (J. RENARD)

.*.

Enfin, n'oubliez pas COURTELINE :
Il vaut mieux gâcher sa jeunesse que de n'en rien faire du tout.
Ni, surtout, G.-B. SHAW :
De toutes les perversions sexuelles, la chasteté est la plus
dangereuse.

FEMME

*Vous êtes marié (de la main droite ou de la gauche, peu
importe, nous vous savons ambidextre).*
Vous avez épousé, bien sûr, une fée. Les hommes appellent
ainsi les femmes qui les mènent à la baguette. (Adrien DECOUR-
CELLE)
*D'une de ces autoritaires tout à fait ravissante, qui tenait son
compagnon par les sens,* Jacques GRANCHER *disait :* En
somme, elle le mène à la braguette.

Vous l'aimez, naturellement. Pourquoi n'aimerait-on pas sa femme ? on aime bien celle des autres. (DUMAS fils)

*

Deux conseils de Francis de CROISSET, *le psychologue conjugal bien connu :*

N'ennuyez pas votre femme, ne lui dites pas : « Je t'aime » au moment où elle essaie une nouvelle robe. Dites-lui : « J'aime ta robe. »

Si votre femme est jolie, ne lui dites pas qu'elle est jolie, parce qu'elle le sait ; dites-lui qu'elle est intelligente, parce qu'elle l'espère. Si votre femme est laide, dites-lui qu'elle est jolie.

Que cela ne vous interdise pas l'humour. Si elle vous demande comment vous trouvez sa dernière toilette, répondez :

— Très drôle. Impayable !

(« *Impayables, Sire* », *répondit l'abbé* TERRAY, *contrôleur général des Finances, à Louis XV qui lui demandait comment il trouvait les fêtes du mariage du Dauphin.*)

*

Un dernier avis, de Jules RENARD :

Si vous voulez que votre femme écoute ce que vous dites, dites-le à une autre femme.

Mais, un bon conseil : surveillez le calendrier. Un bon mari ne se soucie jamais de l'âge de sa femme, mais de ses anniversaires, toujours. (AUDIBERTI)

Priez seulement le ciel qu'elle ne soit pas trop vigilante. Que votre couple ne devienne pas une communauté réduite aux aguets. (Me Daniel BÉCOURT)

*

Quelle qu'elle soit... tout homme a besoin d'une femme, ne serait-ce que parce qu'on ne peut pas toujours se plaindre que du gouvernement. (ROCCA)

MARI

Soyez indulgente, madame, pour le physique de votre mari. Comme l'était la duchesse de GESVRES :

Les amants doivent toujours être de beaux hommes. Mais les maris, ils sont ce qu'il plaît à Dieu.

Les maris se choisissent *pourtant* les yeux ouverts, et les amants les yeux fermés. (JEANSON)

On dit beaucoup trop de mal des maris. Sans mari, pas d'adultère, sans mari pas de divorce, sans mari pas de veuve, de ménages à trois, d'amants, de cocus, de flagrants délits. Sans mari c'est toute la triste liberté de l'amour sans contrainte, la mort du roman, la fin du théâtre de boulevard. (Chester ANTHONY)

Ne comptez tout de même pas trop sur lui pour vous faciliter l'existence.

CHATEAUBRIAND : Madame de Chateaubriand ne saurait dîner plus tard que cinq heures du soir ; moi je n'ai faim qu'à sept heures. Nous avons partagé la difficulté, et nous dînons ensemble à six heures. De cette façon-là, nous sommes contrariés tous les deux. Voilà ce qu'on appelle « vivre heureux de concessions réciproques ».

Par contre Chateaubriand disait de son amie de cœur Juliette Récamier : « On tombe d'amour à ses pieds et l'on y est enchaîné par le respect. » *C'est un monde !*

Le mari n'est jamais qu'un laquais ou qu'un maître. (COURTELINE) *A vous de décider.*

Un maître souvent négligent :

La femme mariée est une chasse gardée. Une chasse où souvent même le patron ne chasse plus. (F. de CROISSET)

Il n'y a rien de tel au monde que l'amour d'une femme mariée. C'est une chose dont aucun mari ne se rendra jamais compte. (WILDE)

(Il faut dire que l'expérience conjugale de Wilde était très approximative.)

ENFANTS

Il n'y a pas de meilleur placement que de mettre du lait dans des enfants. (CHURCHILL)

Respectez les cheveux blonds ou bruns de la jeunesse. (JEANSON)

Le sentiment paternel est très fort au cœur de l'homme. L'homme préfère la femme d'autrui, mais il aime mieux son propre fils. *(Proverbe géorgien cité par* Maurice MALOUX.)

*

Sait-on que le Fils prodigue, à l'accueil de son bon homme de père, eut la cruauté de répondre qu'il n'aimait pas le veau ? (TOULET)

Le père Pélican partageait depuis deux jours ses entrailles entre ses petits, quand le plus jeune s'écria : « Zut ! encore des tripes ! » (Adrien HEBRARD)

*

La jeunesse ? Une merveilleuse chose ! Mais quel crime de la laisser gaspiller par les enfants ! (J. DEVAL)

Certains croient que le génie est héréditaire. Les autres n'ont pas d'enfants.(ACHARD)

*

Il y a au moins un mariage qui rend un homme heureux : celui de sa fille. (ACHARD)

BÊTES

Vous avez un chien, et vous vous apprêtez à commander une inscription pour son collier. BEAUMARCHAIS *avait fait graver sur celui de sa petite chienne :*

Je m'appelle Folette. Beaumarchais m'appartient. Nous habitons rue Vieille-du-Temple, au 28.

LIVRES

Les livres constituent un élément essentiel de votre environnement.

Ce sont des amis parfaits. Il y a une chose qu'ils ne peuvent souffrir, c'est d'être prêtés. Ils sont alors si vexés qu'ils ne reviennent jamais. (R. de FLERS)

VOISINS

La radio des voisins...

Cette boîte vraiment infernale, ce coffret de Pandore qu'est un appareil de radio quand, de tous points de l'univers, les voix se mettent à mentir ensemble. Oui vraiment, c'est l'enfer. (MONTHERLANT)

AMIS

Nous nous aimions parce que c'était lui, parce que c'était moi. (*Amitié de* MONTAIGNE *et de* la BOÉTIE.)

Je l'aime beaucoup, et cependant c'est un ami. (TALLEYRAND) *D'un autre :* C'est un ami très cher, et pourtant bon marché.

On a trois sortes d'amis : les amis qui vous aiment, les amis qui ne se soucient pas de vous, et les amis qui vous haïssent. (FONTENELLE)

On ne connaît aucun ennemi à Mr. Shaw, mais tous ses amis le détestent cordialement. (WILDE)

Entre un coup de poing sur le nez donné par un ennemi et le même donné par un ami, il n'y a pas grande différence. Surtout si le nez n'est pas à vous. (P. DAC)

Quand on meurt de faim, il se trouve toujours un ami pour vous offrir à boire. (A. BLONDIN)

Même dans la pire des solitudes, on trouvera toujours un ami pour vous dire des choses désagréables. (Lord LYTTON)

N'importe qui peut sympathiser avec les souffrances d'un ami. En revanche, sympathiser avec les succès d'un ami exige une très délicate nature. (WILDE) *Et* Jules RENARD : C'est dans le malheur qu'on trouve des amis. La pire épreuve de l'amitié, c'est le bonheur.

Henri DUVERNOIS : Je crois que notre visite leur a fait du bien : tu as vu combien ils avaient l'air triste quand nous sommes arrivés, et leur sourire joyeux quand nous sommes partis ?

E. HEMINGWAY : Il ne faut pas juger un homme d'après ses fréquentations. Ne perdons pas de vue que Judas avait des amis irréprochables.

Paul LÉAUTAUD : Mes amis deviennent de plus en plus rares. Il y en a qui meurent, et c'est à leur enterrement que j'ai le plaisir de voir les autres.

Vous rencontrez un ami perdu de vue depuis longtemps... Je l'ai revu l'autre jour. Il avait tellement changé qu'il ne m'a pas reconnu ! (T. BERNARD)

*
* *

Ayez l'amitié attentive...
Un ami auteur dramatique vous a invité à la « première » de sa pièce et, comme de juste, vous applaudissez bruyamment. Trop. Un de vos voisins vous lance : « Silence, la claque ! »
N'hésitez pas ! giflez-le, en disant :
— *Si je suis la claque, vous êtes la joue !*
(Un geste, et un mot du poète Robert DESNOS *à une première d'Henri Jeanson.)*

*
* *

Un de vos amis, mari trompé et qui habite en province, est venu se plaindre à vous : « Tu n'as pas idée, mon pauvre vieux ! Ma femme a couché avec toute la ville ! »
Dites-lui pour le consoler, comme le fit WILLY *dans un cas semblable :*
— *Oh ! une si petite ville...*

*
* *

N.B. *Si vous souhaitez donner un conseil à un ami, n'oubliez surtout pas cette incidente liminaire : « Je n'ai pas de conseil à vous donner, mais... »*
— *Alors n'en donnez pas ! coupait sèchement* Sacha GUITRY.

*
* *

Les femmes détestent l'amitié. La température y est trop basse : c'est un pays où elles s'enrhument. (Francis de CROISSET)
Par contre... Les femmes adorent avoir des amis hommes, de vrais amis, qui n'ont pas été leurs amants et ne le seront jamais. Un homme qui vous aimait et qui vous le dit trop tard, pour les femmes, c'est ça l'amitié. *(Toujours* F. de CROISSET*)*

ON VOUS REPROCHE...

(« *On* » : *vos parents, femme, mari, enfants, voisins, amis...*
tous vos proches. Dans proche, il y a presque reproche...)

... d'être bavard

Répliquez aux taciturnes par ce doublé :
La parole est d'argent, mais le silence endort. (Y. MIRANDE)
On n'est pas forcément profond parce qu'on est silencieux : il est
des armoires fermées qui sont vides. (DUVERNOIS)

... de ne pas dormir assez

D'accord, je ne dors pas longtemps, mais je dors vite. (EINS-
TEIN)

... d'être distrait

Tout de même pas au point où l'était le couturier Paul POIRET.
Rencontrant une veuve de ses amies, d'un ton très mondain ·
— Alors, votre mari... toujours mort ?

... d'être prodigue

— *Tu finiras aux Indigents ! prédisait au jeune* Pierre BRAS-
SEUR *son premier directeur, Lugné-Poe.*
— Possible, *répondit-il,* mais je vous emprunterai l'argent du
taxi qui m'y conduira.
Si vous passez brusquement de la richesse à la pauvreté,
essayez de prendre la chose avec élégance. Mais vous n'égale-
rez jamais Boni de CASTELLANE :
— C'est déjà assez triste d'être ruiné. S'il fallait encore restrein-
dre son train de vie !
Il disait aussi : Dans le métro, je prends toujours des premières.
En seconde, je risquerais de rencontrer mes créanciers.

. . d'être joueur

Avec mes gains au baccara, je me suis acheté une casquette de yachtman. Avec mes pertes, j'aurais pu me payer le bateau. (T. BERNARD)

.. d'être menteur

Vous êtes en bonne compagnie :
La parole a été donnée à l'homme pour déguiser sa pensée (TALLEYRAND)
Parbleu ! les hommes sont toujours sincères. Ils changent de sincérité, voilà tout. (T. BERNARD)
Pourquoi, d'ailleurs, dire toujours la vérité ?...
On doit la vérité aux gens intelligents, mais on doit le mensonge aux imbéciles. (COURTELINE)
Et puis, « menteur », c'est bien vague...
Il y a, *dit* Francis de CROISSET, autant de menteurs que d'espèces de papillons. Il y a l'homme qui ment parce qu'il est bien élevé : celui-là, c'est l'homme du monde. Il y a l'homme qui ment pour amuser les autres : celui-là, c'est un poète. Il y a l'homme qui ment par devoir : celui-là, c'est un saint. Il y a l'homme qui ment par intérêt, par égoïsme ou par lâcheté : celui-là, c'est un mufle. Il y a l'homme qui ment pour le plaisir : celui-là, c'est un menteur. Enfin, il y a l'homme qui ment aux femmes : celui-là ne ment pas.
De toute façon, il vous suffira de brouiller les pistes, en pratiquant le mensonge au second, voire au troisième degré :
Espèce de menteur ! tu m'as dit que tu allais à Wilno pour me faire croire que tu allais à Lublin, et puis tu es allé vraiment à Wilno ! (Michel CHRESTIEN)

... de galéjer (ce n'est pas la même chose, au sud d'Avignon tout au moins)

Je n'exagère jamais : je magnifie. (Marcel PAGNOL. Marseille Pagnol, *comme l'appelait* Albert Willemetz.)

.. d'être vaniteux

.. de ressembler à ce jeune comédien cloué au pilori par

Francis BLANCHE : Le jour de son anniversaire, il envoie un télégramme de félicitations à sa mère... *ou à l'un des personnages stigmatisés par* René LEFÈVRE : Certains auraient tendance à prendre la raie de leurs fesses comme méridien origine.

Soyez modeste, mais sans trop :
Je pense de moi beaucoup de mal quand je me considère ; beaucoup de bien quand je me compare. *(Cardinal* MAURY*)*

... d'être snob

Le vrai snob est celui qui craint d'avouer qu'il s'ennuie quand il s'ennuie ; et qu'il s'amuse quand il s'amuse. (VALERY)

... d'être égoïste

Répliquez avec des arguments d'égoïste...
La règle de vie donnée par Jules RENARD : Ne pas être trop sévère pour soi, n'exiger des autres que la perfection.
La boutade de COURTELINE : S'il fallait tolérer aux autres tout ce qu'on se permet à soi-même, la vie ne serait plus tenable.
Le proverbe inventé par Pierre REVERDY : Aime-toi, le ciel t'aimera.
Le dicton ramené d'Armagnac par Jean-Marie RIVIÈRE : Pour bien déguster un lièvre, il faut être trois : le lièvre, le chasseur et un bon verrou à la porte.
L'aveu de Jean DELACOUR : Je me laisse volontiers ébranler par mes propres sentiments.
Enfin et surtout, beau comme l'antique, le dialogue rapporté par Charlotte Lysès, la première femme de Sacha GUITRY :
— *Je t'aime, Sacha. Et toi ?*
— Mais moi aussi, je m'aime !
(Variante, de GOETHE :
— Je t'aime, est-ce que ça te regarde ?*)*

... d'être un arriviste

On rencontre de plus en plus de jeunes hommes pressés qui vous disent : « Je sens que je vais percer. *»* Ils parlent comme des panaris. (C. RIM)

Prenez ce reproche à la blague :

— A six ans, je voulais être cuisinier. A sept, Napoléon. Depuis, mon ambition n'a cessé de croître, comme ma folie des grandeurs. (S. DALI)

... ou — pourquoi pas — au sérieux :

— J'aime mieux attraper un torticolis en visant trop haut que de devenir bossue en regardant trop bas. (Sylvaine CHARLET)

Quand on a quelque chose dans le ventre, on ne meurt pas avant d'avoir accouché. (FLAUBERT)

... d'être un raté

Déclarez que, si vous n'avez pas fait une carrière plus brillante, c'est la faute au petit anarchiste tchécoslovaque. En vous hâtant de préciser :

— C'est la faute à l'Amour, si vous préférez.

Et d'expliquer :

— Ben oui, voyons ! ça se chante dans « Carmen » : « L'Amour est enfant de Bohème, il n'a jamais connu de loi... » S'il n'a jamais connu de loi, c'est qu'il est anarchiste. Et la Bohème, que je sache. c'est en Tchécoslovaquie.

(Cette rigoureuse démonstration est du Bâtonnier AUBEPIN plaidant pour un meurtrier passionnel.)

... de boire

On le reprochait déjà à GRIMOD de la REYNIERE. *Sa réponse :*

Il y a trop de vin dans ce monde pour dire la messe ; il n'y en a point assez pour faire tourner les moulins ; donc il faut le boire.

Quand on lui présentait une grappe de raisin, il la refusait ! « *Merci, non.* Je n'ai pas l'habitude de prendre mon vin en pilules. »

On le reprochait aussi à COURTELINE, *auteur de la boutade célèbre — trop ! — à propos de l'alcool qui tue lentement :* On s'en fout : on n'est pas pressé.

... et à son ami Raoul PONCHON, *l'homme des tavernes, ennemi juré de l'eau :* Ce liquide si sale que, si on le verse dans de l'absinthe, il la trouble !

Et à SHAW. (Le whisky est une mauvaise chose — surtout le mauvais whisky.)

Et à Winston CHURCHILL : Le secret de ma vitalité, c'est que je n'ai dans le sang que des globules rouges : l'alcool a tué depuis longtemps tous les globules blancs. *Et aussi :* Où diable est-on allé chercher que je buvais beaucoup ? Les quelques whiskies que je bois tous les jours ne suffiraient même pas à tuer trois hommes moins vigoureux que moi.

Si vous êtes un buveur hypocrite, utilisez le truc de W.-C. FIELDS :

— *Barman ! criait-il d'une voix de stentor. Un grand verre de lait nature, je suis au régime.*

Puis, plus bas : — Soyez gentil : pendant que je ne regarderai pas, mettez-y une bonne giclée de rhum.

Une fausse note dans ce concert bachique :

L'ennui est qu'il faut boire pour supporter les gens, et qu'à ce moment-là ils ne vous supportent plus. (Ring LARDNER)

... d'être paresseux

La paresse, vous connaissez ?

Être tout feu tout flemme, *avoir un poil dans la main, ce fameux poil à ne pas gratter (deux définitions de* BREFFORT).

Paresse de J.-K. JEROME : Rien ne me fascine plus que le travail : je peux rester assis à le contempler pendant des heures.

Ne rien faire n'est vraiment agréable que si l'on a beaucoup de travail en retard.

Paresse de Courteline : Georges ne travaille pas en ce moment : il a encore 1 500 francs de fainéantise devant lui, *disait son bon maître* Catulle MENDÈS.

Paresse, surtout, de Tristan BERNARD, *le grand théoricien du farniente :*

L'homme n'est pas fait pour travailler. La preuve, c'est que cela le fatigue.

La paresse, c'est de se lever à 6 heures du matin pour avoir plus longtemps à ne rien faire.

Quand Tristan invitait un ami à venir le voir, il précisait.

— Venez de préférence le matin : c'est le moment où je travaille.

Épitaphes, par eux-mêmes, de RIVAROL : la paresse nous

l'avait ravi avant la mort. *D'*HENRI MONIER (1) : Ci continue de reposer Henri Monier.

*

Pareil sujet vous fournira abondamment en réponses ironiques, sarcastiques ou cyniques :

Paresse. — Attitude de repos inexcusable chez une personne des basses classes de la société. (Ambrose BIERCE)

Bierce a dit aussi : Ce qui vaut la peine d'être fait vaut la peine qu'on demande à quelqu'un de le faire.

FEYDEAU : Avec de la paresse et de l'entêtement, on est toujours sûr d'arriver à quelque chose.

Pierre REVERDY : J'ai tellement besoin de temps pour ne rien faire qu'il ne m'en reste pas assez pour travailler.

J. RENARD : Bien des gens ne mentent jamais, qui ne sont pas pour cela sincères, mais paresseux.

P. DAC : Quand on ne travaillera plus les lendemains des jours de repos, la fatigue sera vaincue.

Rien n'est impossible à l'homme qui n'a pas à le faire lui-même. (ACHARD)

Et le bon Tristan BERNARD, *inépuisable :* Le paresseux est un homme qui ne fait pas semblant de travailler.

Enfin DUMAS *fils, à qui l'on demandait quelles étaient ses occupations du moment :*

— Je laisse pousser ma barbe.

. . . .

Ce qu'on te reproche, cultive-le : c'est toi. (COCTEAU)

(1) Non, pas le père de « Joseph Prudhomme ». Monier avec un seul n. Dessinateur au *Canard enchaîné*. (1901-1959)

L'ARGENT ET VOUS

Faute d'argent, c'est douleur sans pareille. (RABELAIS)

ALLAIS : C'est fou comme l'argent aide à supporter la pauvreté !

Quand j'étais jeune, je croyais que dans la vie l'argent était ce qu'il y avait de plus important. Maintenant que je suis vieux, je le sais. (WILDE)

H. MONNIER : Ce sont toujours ceux qui auraient le plus besoin d'argent qui en ont le moins.

Il y a beaucoup de choses plus importantes que l'argent. Le malheur, c'est qu'il faut beaucoup d'argent pour les acquérir. (R. VAILLAND)

Du maréchal TRIVULCE, à Louis XII qui lui demandait ce qu'il fallait pour faire la guerre avec succès :

Trois choses sont absolument nécessaires : premièrement de l'argent, deuxièmement de l'argent, troisièmement de l'argent.

CONFUCIUS : Quand les riches maigrissent, les pauvres crèvent.

Si les riches avaient le moindre sens de la solidarité, il n'y aurait plus de pauvres. Mais il n'y aurait pas non plus de riches. (SHAW)

On ne peut pas avoir le beurre et l'argent du beurre. (COURTELINE)

MAC ORLAN : On dit que l'argent n'a pas d'odeur. Le pétrole est là pour le démentir.

BREFFORT : On ne prête qu'aux riches. Et on a tort : ils ne rendent jamais.

Je sais enfin ce qui distingue l'homme de la bête : ce sont les ennuis d'argent. (J. RENARD)

W. ALLEN : L'argent est plus utile que la pauvreté, ne serait-ce que pour des raisons financières.

Sa définition par Léo CAMPION : Moyen de tout avoir, sauf un ami sincère, une maîtresse désintéressée et une bonne santé.

Si l'argent ne fait pas le bonheur, rendez-le ! (J. RENARD)

Sacha GUITRY : Le plus précieux des biens n'est pas la santé, comme on essaie de le faire croire ; c'est l'argent. Si un milliardaire était assez bête pour offrir un million par doigt de pied coupé qu'on lui apporterait, il serait ruiné au bout de dix minutes... D'autant plus que les doigts de pied sont voisins les uns des autres, et qu'on peut en couper un de trop sans le faire exprès.

*

— *J'ai soif, môssieu Footit.*
— *Avez-vous de l'argent, môssieu Chocolat ?*
— *Je n'ai pas d'argent.*
— Vous n'avez pas d'argent ? Alors vous n'avez pas soif.
(*Dialogue des clowns* FOOTIT *et* CHOCOLAT.)

*

La plaisanterie d'un homme riche est toujours drôle. (Charles BROWN)

Un idiot pauvre est un idiot. Un idiot riche est un riche. (Paul LAFFITTE)

L'argent mène à tout, à condition qu'il y en ait beaucoup. (Claude AVELINE)

Les riches ont besoin des pauvres pour être plus riches qu'eux, et les pauvres ont besoin des riches pour rêver. (WOLINSKI)

L'argent, ce n'est jamais que de petites images pour faire des cadeaux. (Johnny HALLYDAY)

L'ARGENT QUE VOUS GAGNEZ HONNÊTEMENT

Si vous exercez une profession mal rémunérée...

... annoncez-vous au caissier en ces termes :
— Bonjour, je viens toucher mon appointement
— *On dit : « mes appointements », rectifiera ce brave homme.*
Bah ! *répliquerez-vous,* ne dérangeons pas le pluriel pour si peu.
(*Tel était, chaque début de mois, le dialogue qui opposait le jeune* Alphonse ALLAIS *au caissier du* Journal.)

*

Tristan BERNARD, *mécontent de la pige dérisoire qu'on lui avait allouée pour son article :*
— Vous le signerez Tristan Bernard... mais avec un petit b seulement.

... CELUI QUE VOUS GAGNEZ MOINS HONNÊTEMENT

Les affaires ? c'est bien simple, c'est l'argent des autres. (DUMAS fils)
H. JEANSON : Ce n'est pas que l'argent n'ait pas d'odeur. C'est l'homme qui n'a pas d'odorat.
Si le financier manque son coup, les courtisans disent de lui : c'est un bourgeois, un homme de rien, un malotru ; s'il réussit, ils lui demandent sa fille. (LA BRUYÈRE)
Un procureur du Châtelet disait que pendant dix ans, pour faire sa fortune, il avait tourné le dos à Dieu. (TALLEMANT des REAUX)

... *CELUI QUE VOUS AVEZ HÉRITÉ*

Protégez-le bien. N'oubliez jamais que tout visiteur est un quémandeur en puissance. Ne le laissez pas ouvrir la bouche. Dites-lui d'entrée, comme le faisait le milliardaire Paul GETTY :
— Demandez-moi tout ce que vous voulez, sauf de l'argent : c'est le seul souvenir que m'ait laissé mon pauvre père.

.. *CELUI QUE VOUS ÉPOUSEZ*

Vous avez fait un mariage d'argent — pardon : de raison.
La chapelle expiatoire, *disait* Boni de CASTELLANE *à ses invités en désignant la chambre à coucher.*
Il avait épousé l'héritière américaine Anna Gould, aussi laide que multimillionnaire en dollars.

*

Mais, si vous faites un riche mariage, que cela ne vous donne pas de complexes. Utilisez crânement la formule adoptée par MIRBEAU *pour annoncer le sien :*
M. Octave Mirbeau fait part à ses amis qu'il a épousé Mlle Alice Regnault malgré ses quatre millions de dot.

*

— *C'est la photo de ta fiancée ? Pardonne-moi, mais... elle n'est pas jolie-jolie.*
— *Le cliché est mal pris* Elle est très belle... vue de dot.
(BREFFORT)

Un de vos amis fiancé à une autre jeune fille laide précise :
« *Mais elle a trois millions de dot.* ».. *Faites observer :*
— Tu veux dire : de dommages et intérêts. (FLERS et CAIL-
LAVET)

Celui qui se marie pour la dot, il la gagne bien.
(*Un proverbe savoyard que cite* Paul VINCENT)

... CELUI QUE VOUS GAGNEZ AU TIERCÉ

L'ennui, avec l'argent que l'on gagne aux courses, c'est qu'on le
dépense d'abord, et qu'on le reperd ensuite. (René LEFÈVRE)
C'est ce que l'on appelle : « *la glorieuse incertitude du sport
hippique* ».

... CELUI QUE VOUS THÉSAURISEZ

*Si vous avez un sens de l'économie très poussé et qu'un ami
vous le reproche en ces termes :* « *Soit dit sans te vexer, tu
rendrais des points à Harpagon* »... *répondez :*
— Eh bien toi, tu es encore plus avare que moi : tu ne les
rendrais pas.
C'est ce que répondit RAIMU *à Pagnol.* (1)

Sacha GUITRY : Le chèque sans provision est sévèrement
puni. Je serais volontiers partisan d'une identique sévérité à

(1) Raimu, au faîte de sa gloire, fut engagé à la Comédie Française. Lucide et
prudent, il fit stipuler dans son contrat que jamais il ne jouerait *L'Avare.*

l'égard des provisions sans chèques. L'homme qui thésaurise brise la cadence de la vie en interrompant la circulation monétaire. Il n'en a pas le droit.

*

George MIKES : Les Français ont une passion : l'économie. Économiser leur inspire la même ferveur qu'aux Espagnols les courses de taureaux, aux Finlandais le sauna, aux Américains le chewing-gum, et aux Anglais les files d'attente devant les magasins. Le Français se prive toute sa vie dans l'espoir de mourir un jour au-dessus de ses moyens.

*

Vous avez ouvert un compte à la Banque de France — pourquoi pas ? —
Si un jour vous allez en retirer l'intégralité, faites ce que fit Tristan BERNARD. *En sortant, il s'approcha de la guérite du factionnaire de service et lui dit :*
— Merci, mon ami, je n'ai plus besoin de vous. Vous pouvez partir.

... CELUI QUE VOUS DONNEZ EN DOT
A VOTRE FILLE

Il vous est permis de la regretter (la dot). Comme le fit Mme *de* SÉVIGNÉ *quand elle prit pour gendre M. de Grignan :*
— Quoi, tant d'argent pour vous obliger à coucher avec ma fille !
« Au fait, *ajouta-t-elle après réflexion,* vous n'y coucherez pas qu'une fois, mais demain, après-demain, toutes les nuits. Ce n'est pas trop d'argent pour cela. »

... CELUI QUE VOUS PERDEZ
DANS UNE MAUVAISE AFFAIRE

Il y a trois méthodes traditionnellement françaises pour ruiner une affaire qui marche : les femmes, le jeu et les technocrates. Les femmes, c'est le plus marrant, le jeu c'est le plus rapide, les technocrates c'est le plus sûr ! (M. AUDIARD)

... CELUI QU'ON VOUS DOIT

— Doutez-vous de ma probité, monsieur ? Vos cent écus [1] j'aimerais mieux vous les devoir toute ma vie, que de les nier un seul instant ! (BEAUMARCHAIS)

... CELUI QUI VOUS MANQUE

... A moins que vous n'ayiez, pour les biens de ce monde, l'admirable détachement de FONTENELLE. *Alors qu'il connaissait une extrême pauvreté, un homme très riche offrit de lui venir en aide.*

— Je vous remercie, *répondit-il,* mais je n'ai pas besoin de ce qui me manque.

... CELUI QUE VOUS EMPRUNTEZ

Tâchez de vous conduire moins scandaleusement que Léon BLOY, *qui s'était baptisé lui-même :* « le mendiant ingrat » :
— Ce salaud de Rothschild m'a volé 3 000 francs! Je l'avais tapé de 5 000 et il ne m'en a envoyé que 2 000.

*

Même, et surtout, si vous avez l'habitude de ne pas payer votre tailleur, marchandez âprement quand vous lui commandez un costume. Ainsi faisait Jules BERRY.
— C'est pour qu'il perde moins, *expliquait-il.*

*

Un de vos prêteurs a l'audace de s'impatienter. Recopiez à son intention la lettre que Jules DEPAQUIT, *fondateur de la Commune libre du Vieux Montmartre, écrivait dans ces cas-là :*
Monsieur, votre insistance est inadmissible. J'ai donc décidé de vous infliger une sanction.
J'ai coutume, tous les débuts de mois, de mettre les noms de mes créanciers dans un chapeau et d'en tirer un au sort : c'est celui-là que je règle.
Étant donné votre attitude, j'ai le regret de vous informer que vous ne participerez pas au prochain tirage.

... CELUI QUE VOUS BUVEZ

... l'argent liquide, quoi!
Si j'avais mis de côté tout l'argent que j'ai dépensé à boire, qu'est-ce que je pourrais m'offrir comme apéritifs! (CELMAS)

... CELUI QUE VOUS PREND LE FISC

Son percepteur lui réclamant une somme importante, le revuiste RIP *proposa une transaction très basse, qui fut aussitôt refusée. Alors Rip se leva, prit son chapeau, et sortit en disant :*
— Puisque c'est votre dernier mot, mon vieux, je ne ferai plus d'affaires avec vous.

*

Autre contribuable énergique, Émile GOUDEAU, *le joyeux fondateur du* « *Club des Hydropathes* ».
Possédant un loulou, il refusa avec obstination d'acquitter la taxe sur les chiens d'agrément. « *Seuls en sont exemptés, lui fit-on observer, les chiens d'aveugle, les chiens policiers et les chiens de berger.* »
— Les chiens de berger ? Parfait.
Goudeau monta à la Villette, fit l'acquisition d'un mouton, et se rendit dans cet équipage — mouton et loulou — à la perception.
— J'ai bien le droit d'avoir un troupeau qui ne comprend qu'un seul mouton !

*

Quant à COURTELINE, *le fait d'avoir à acquitter des impôts sur ses droits d'auteur le plongeait dans des colères noires :*
— Alors, *rugissait-il,* quand on me les a donnés, ces droits, c'était pour me les reprendre ?... D'abord, je ne les ai plus : je l'enterre, mon argent... je l'enterre au fond de mon jardin ! Et je ne veux pas, toutes les cinq minutes, aller le déterrer pour en donner à l'État !

VOTRE MÉTIER ET VOUS

SOYEZ AMBITIEUX

N'oubliez jamais qu'en France, rien ne réussit comme le succès (DUMAS père). *Soyez donc ambitieux.*

Si vous pratiquez le style héroïque, vous pouvez reprendre le A nous deux Paris! *du Rastignac de* BALZAC... *et le* Chateaubriand ou rien *de* HUGO. (1)

Dans l'espoir de pouvoir dire un beau matin, comme BYRON · I awoke famous. *(« Je me suis réveillé célèbre. »)*

Plus simplement : Il y a trois périodes dans la vie d'un homme : celle où il travaille pour les autres, celle où il travaille pour lui, et celle où il fait travailler les autres. (J. ANOUILH) *Tâchez de ne pas stagner trop longtemps dans la première.*

*

Que votre ambition soit celle d'un homme de progrès et de volonté :

Il n'est pas nécessaire d'espérer pour entreprendre, ni de réussir pour persévérer. (Guillaume d'ORANGE)

C'est en cherchant l'impossible que l'homme a toujours réalisé le possible. (BAKOUNINE)

---

(1) Voire le *A nous deux Velasquez!* qui était le cri de guerre du peintre pompier CAROLUS-DURAN quand il attaquait un tableau.

L'utopie est la réalité de demain. S'il n'y avait pas eu d'utopistes, l'homme vivrait encore dans les cavernes. (L. CAMPION)

Tout le monde savait que c'était impossible à faire ; puis un jour est venu un homme qui ne le savait pas. Et il l'a fait. (CHURCHILL)

Seul Tristan BERNARD, *toujours lucide :* Si les hommes progressent dans la vie, ce n'est pas toujours pour faire plaisir à leur fiancée, leur vieille mère ou à eux-mêmes. C'est aussi pour embêter leur semblable, pour l'épater, pour lui en boucher un coin. Ainsi tous ces mauvais sentiments sont nécessaires à la vitalité du genre humain.

*

Les bons conseils ne vous manqueront pas...

La comtesse de VILLARS, *à son fils entrant dans le monde :* Souvenez-vous de ne jamais parler aux autres que d'eux, et de ne jamais parler au roi que de vous.

Un homme de cour doit tenir la chaise percée du favori tant qu'il est en faveur pour l'en coiffer ensuite, dès le moment de sa disgrâce. (DROUET de CHIVRY, *fils du médecin de Charles IX et Henri III.*)

On vous exhortera aussi à vous choisir une épouse, ou compagne, ad hoc :

La route du succès est encombrée de femmes poussant leurs maris devant elles. (Sir James DEWAR)

Les femmes sont pour l'homme ce que les voiles sont pour un voilier : il n'avancerait pas sans elles. (G. KRASSOVSKY)

*

Oh ! les conseils négatifs iront aussi bon train. Ainsi celui de SAKI, *nihiliste prudent :*

Ne soyez jamais un précurseur : c'est toujours au premier chrétien qu'échoit le plus gros lion.

Conseil déjà donné par RIVAROL *sous une autre forme :*

Quand on a raison vingt-quatre heures avant le commun, on passe pour n'avoir pas le sens commun pendant vingt-quatre heures.

Répliquez par cette citation de COCTEAU : Il n'y a pas de précurseurs ; il n'y a que des retardataires.

Quant à l'axiome défaitiste de Romain Rolland — Le bonheur, c'est de connaître ses limites, et de les aimer. — *contentez-vous de l'ignorer.*

Il a tué trop de réussites potentielles pour mériter autre chose que le mépris.

*

De toute façon, partez confiant : si vous avez du talent, cela finira bien par se savoir :

Si un homme est capable d'écrire un meilleur livre, de prêcher un meilleur sermon ou de faire une meilleure souricière que son voisin, même s'il construit sa maison dans les bois le monde tracera un sentier jusqu'à sa porte. (Ralph Waldo EMERSON) (1)

Soyez prudent tout de même...

Jules et Edmond de GONCOURT : Il ne suffit pas d'avoir du talent, il faut se le faire pardonner.

Et le Bâtonnier André TOULOUSE : Dans ma profession le talent est considéré comme une atteinte à la bonne confraternité.

... Dans les autres aussi, monsieur le Bâtonnier !

*

Réussirez-vous à réussir ?... Que de jeunes, partis Don Quichotte, sont arrivés Sancho Pança ! (Oscar FOREL)

Gare en cas d'échec !

Georges BERNANOS : Attention ! les ratés ne vous rateront pas !

_____

(1) Dans tous les métiers... *Il n'y a que deux sortes de gens : les professionnels et les cons.* (Humphrey BOGART)

LA VACHE ENRAGÉE

Il n'est pas de profession où les débuts soient roses...

Je vivais de privations. Et encore, pas tous les jours. (BREF-FORT)

Je mis longtemps à avoir le pied à l'étrier. Il existe en effet, malheureusement, beaucoup plus de pieds que d'étriers. (DONNAY)

Dans ma jeunesse, il m'est arrivé souvent de ne pas dîner. Et le plus ennuyeux, c'est que ça m'arrivait les jours où je n'avais pas déjeuné non plus. (CAPUS)

C'est la vie la plus amère que de ne pas dîner, de n'avoir pas de bottes et de faire là-dessus quantité de paradoxes. (CHAMP-FLEURY)

VOUS ÊTES JOURNALISTE...

Il était mal poli, journaliste, paillard,
trichait au jeu, faisait des vers, fumait la pipe
dans la rue et, le soir, il se gavait de tripe
à la mode de Caen parmi les croque-morts.

(Georges FOUREST)

Dans toute ma longue carrière, j'ai écrit autant que Victor Hugo mais beaucoup moins bien, ce qui a nui à ma notoriété. (Émile SERVAN-SCHREIBER)

Où trouverez-vous, dans l'océan des littératures, un livre surnageant qui puisse lutter de génie avec cet entrefilet : « Hier, à quatre heures, une jeune femme s'est jetée dans la Seine du haut du Pont-des-Arts. (BALZAC. *La Peau de chagrin*)

Il y a des semaines où l'actualité n'a pas de talent. (H. JEANSON)

*

Débarqué à Paris pour y faire du journalisme, Charles MONSE-
LET *adresse à tous les directeurs de journaux la lettre-circulaire
suivante :*

Monsieur, jeune écrivain tout à fait inconnu et dépourvu de
relations, je vous prie d'être assez aimable pour m'envoyer une
lettre de recommandation auprès de vous-même.

*Ô miracle ! plusieurs directeurs répondirent, pour lui demander
des articles. « Cette initiative m'avait fait gagner cinq ans »,
devait-il déclarer.*

Prenez-en de la graine, aspirants-journalistes.

*

Les apprentissages...

Le revuiste Yves MIRANDE, *qui débuta dans la presse :*

J'étais arrivé à Paris depuis des semaines, et je n'avais encore
réussi à vendre que quatre articles. Ces quatre articles étaient :
mon pardessus, ma montre, mes bretelles et mon stylo.

*

Mot fier de journaliste arrivé...

Jean des CARS, *à une perruche qui lui demandait s'il était
« payé à la ligne » :*

— Oui, madame. Mais pour une seule ligne : celle de ma
signature.

Vous êtes, plus précisément, critique dramatique.

*Un auteur que vous avez sauvagement éreinté se rebiffe, vous
reproche de « ne pas être un gentleman ». Répondez-lui :*

Bien sûr que non, et je m'en voudrais ! La mission d'un critique,
qui consiste à exprimer publiquement des choses désagréables,
n'est absolument pas compatible avec les manières d'un gentleman. (G.-B. SHAW)

Un autre auteur s'étonne de vous voir juger une pièce alors que vous n'en avez jamais écrit une seule. Votre réponse :

Croyez-moi, je n'ai jamais non plus pondu un œuf de ma vie. Et pourtant je m'estime plus qualifié qu'une poule pour juger de la qualité d'une omelette. (Max FAVALELLI)

*

*En tout cas, ne suivez pas le triste exemple d'*Auguste LIREUX, *ce critique du siècle dernier qui n'allait jamais au théâtre. Par souci d'objectivité.* Si j'assistais à la représentation, *expliquait-il,* je risquerais de me laisser influencer par la pièce.

Vous êtes critique musical.

*Si vous avez à faire l'éloge d'un disque, utilisez la formule d'*Art BUCHWALD *à propos d'un 33 tours de Judy Garland :*

C'est la plus jolie chose sur laquelle se soit posée une aiguille depuis que Marilyn Monroe a été vaccinée.

Vous avez créé un journal qui ne marche pas très fort.

Utilisez la méthode de l'humoriste SAPECK, *fondateur d'un bimensuel,* l'Anticoncierge, « *Organe officiel de la défense des locataires* ».

Un quidam se fait annoncer dans son bureau.

— Monsieur Sapeck ?

— Lui-même.

— Je suis de vos abonnés, je ne reçois jamais votre journal.

— Cela ne me surprend pas.

— Pourquoi donc ?

— Nous ne servons jamais nos abonnements : nous avons remarqué que cela nous faisait du tort pour la vente au numéro.

*

Vous pouvez aussi faire un discret « appel au peuple ». A la façon de Tristan BERNARD *et de son ami* Pierre VEBER. *Le mensuel satirique qu'ils dirigeaient (*Le Chasseur de chevelures*) portait en exergue ces deux lignes :*

Rédacteur intègre : Tristan Bernard (de gré à gré)
Rédacteur vénal : Pierre Veber (2 fr. la ligne).

... ÉCRIVAIN

Quelques conseils pratiques...
Choisir de préférence comme pseudonyme le nom d'une rue très passante. S'appeler, par exemple, Henri Poissonnière ou Gaston de Bonne-Nouvelle. Aussitôt que l'auteur aura acquis une certaine notoriété, la foule s'imaginera vaguement qu'il a reçu du Conseil municipal cet éclatant hommage : l'attribution de son nom à l'une des voies parisiennes les plus en vue. (T. BERNARD)

*

Un jeune confrère vous a donné à lire le manuscrit de son prochain livre, et vous l'avez trouvé très mauvais. Dans ce cas-là, VOLTAIRE *écrivait à l'auteur :*
C'est très bien, vraiment très, très bien. J'ai juste changé un mot. Même pas : une lettre.
Et il lui retournait le manuscrit, où, sur la dernière page, à la place du mot « FIN », il avait écrit : Fi !

*

Type de dédicace, à un lecteur inconnu qui vous a envoyé un de vos livres à signer .
A monsieur X..., en souvenir du bon temps où nous ferons connaissance. (A. SCHOLL)

* *

Vous êtes un écrivain sauvagement éreinté par la critique. Prenez cela de haut, comme le faisait DUMAS *fils :*
Laissez donc, laissez-les me jeter la pierre. Les tas de pierres c'est le commencement du piédestal

*

Renoncez à faire précéder vos livres d'une épigraphe. Vous ne trouverez jamais mieux que celle placée par Mark TWAIN *en tête de* Huckleberry Finn, *son chef-d'œuvre :*

Par ordre de l'auteur : quiconque essaiera de découvrir un mobile à ce récit sera poursuivi devant les tribunaux ; quiconque voudra y découvrir une morale sera condamné à l'exil ; et quiconque cherchera à y découvrir une intrigue sera fusillé

*

Songez tout de même à la postérité :
Trente ans après ma mort, je me retirerai fortune faite (COC-TEAU)
Bah! comme disait COMMERSON : J'aimerais mieux aller hériter à la poste que d'aller à la postérité.

*

Vos amis vous « pressent affectueusement » — c'est la formule — de présenter votre candidature à l'Académie française... Savez-vous ce que répondait T BERNARD *à ce genre de conseil :*

— Académicien ? Non, le costume coûte trop cher J'attendrai qu'il en meure un de ma taille.

... ÉDITEUR

Soyez humain avec vos auteurs refusés.
Interdisez-vous les voies de fait de cet ordre :
Votre manuscrit est à la fois bon et original. Mais la partie qui est bonne n'est pas originale et la partie qui est originale n'est pas bonne. (Samuel JOHNSON)

Préférez la formule de renvoi de manuscrit par un éditeur de Tokyo, combien plus délicate :

Si nous l'éditions, S.M. l'Empereur nous l'imposerait comme modèle et ne nous permettrait plus de publier une œuvre inférieure ; ce qui nous mettrait dans l'impossibilité de poursuivre notre activité pour dix mille ans au moins. (*Cité par* Jean GRENIER.)

... AUTEUR DRAMATIQUE

Technique de l'écriture d'une pièce :

Au théâtre, les spectateurs veulent être surpris... mais avec ce qu'ils attendent. (J. RENARD)

Dans un moment de cynisme, ou de lucidité, l'auteur dramatique anglais Alan AYCKBOURN *a vendu la mèche. Un journaliste lui avait posé la question-bateau : « Pourquoi écrivez-vous ? ».* .

Celles de mes pièces qui ont du succès, je les écris pour de l'argent. Celles qui marchent moins bien, c'est un besoin profond et inconscient d'améliorer le monde qui me pousse à les écrire

Quand on demandait à Georges FEYDEAU *pourquoi il avait écrit tant de pièces* ·

— Ben voyons ! par paresse... Pour éviter d'aller travailler tous les matins dans un bureau, je m'amuse toutes les nuits à écrire des vaudevilles, qui me procurent de quoi vivre sans rien faire.

*

Le directeur de théâtre qui a accepté votre pièce vous suggère de pratiquer quelques coupures...

Refusez. Oh ! courtoisement. A la FEYDEAU :

— *Très volontiers, répondit-il au directeur des Variétés, où devait être créée* Mais n' te promène donc pas toute nue. *Combien de pages voulez-vous que je coupe ?*

— *Mon Dieu, une vingtaine.*

— *Parfait.* Dites aux comédiens de commencer à la page 21.

La critique vient, unanimement, d'éreinter une de vos pièces. Vengez-vous à la façon de G.-B. SHAW, qui connut lui aussi cet outrage (1) :

Les critiques dramatiques sont aussi creux qu'il est possible de l'être sans s'écrouler physiquement.

*

Selon le bon conseil de Marcel ACHARD :
Ne dites jamais du bien de vous : faites-en écrire.

*

Un journaliste vous demande ce que vous pensez de l'avenir du théâtre. Répondez sombrement :
— Rien de bon : Shakespeare est mort, Molière est mort et moi-même je ne me sens pas très bien. (SHAW)

*
* *

... Cas particulier, les auteurs-comédiens, qui interprètent leurs propres pièces. Comme Molière. Comme André ROUSSIN *du temps de ses débuts.*
— Je gagnais sur les deux tableaux, *avoue-t-il.* On disait, soit : « Pour un auteur, il joue passablement », soit : « Pour un comédien, c'est pas tellement mal écrit. »

(1) A la fois auteur (douillet) et critique (cannibale). Shaw mangeait à deux râteliers.

... *DIALOGUISTE DE CINÉMA*

Sachez parler aux producteurs :
— Grâce à moi, votre argent a beaucoup de talent.
A un autre, qui vous dit : « Ma maison est une maison de verre »...
— De verre dépoli. Trop dépoli pour être honnête.
(Deux répliques de Carlo RIM, parfaitement injustes au demeurant. Il a existé des producteurs désintéressés, et des producteurs ruinés. Ce sont d'ailleurs les mêmes. Pas vrai, René Thèvenet ?)

... *LIBRETTISTE DE COMÉDIES MUSICALES*

Un métier qui rapporte.
C'est un des rares qui permettent à un poète de transformer sa lyre en tirelire.
(Albert WILLEMETZ, *l'heureux auteur des couplets de* Phi-Phi *et de* Ta bouche.)

... *DIRECTEUR DE THÉÂTRE*

Si votre comédien-vedette, imprudemment choisi, n'attire pas les foules :
— On me l'avait présenté comme un acteur consommé. C'est sans doute pour ça qu'on a bu le bouillon. (Gustave QUINSON, directeur du Palais-Royal.)

* *
*

Si le public ne se bouscule pas à vos guichets, comme ce fut le cas pour Tristan BERNARD *quand il reprit le Théâtre Sarah-Bernhardt (qu'il appelait : « le Sahara-Bernard »), faites comme lui.*

Quand on vous demande une place de faveur, répondez : Désolé, mais je ne donne que des rangées entières. *Et ajoutez :* L'endroit est désert, venez armé.

Dites aussi : J'ai résolu le problème du vestiaire : trois ou quatre fauteuils vides autour de chaque spectateur.

Enfin, au moment où le rideau va se lever, faites observer : Attention ! les trois coups. Un par spectateur.

... METTEUR EN SCÈNE

Soyez aussi impitoyable que Raymond ROULEAU *(dit : « le Rouleau compresseur »).*

A une jeune comédienne peu douée :

— Je vous dirais bien, mademoiselle, que vous êtes en bois... mais le bois, lui, il joue !

A l'une de ses sœurs :

— Mais enfin, mademoiselle, vous n'avez donc jamais été jeune fille !

*

Une starlette, dans l'espoir de décrocher un rôle dans votre prochain film, a forcé votre porte, elle est assise en face de vous. dans des attitudes d'autant plus provocantes qu'elle est très court vêtue...

C'est arrivé à Sacha GUITRY.

— Pardon, mademoiselle, *lui a-t-il dit aimablement...,* vous permettez que je garde mon pantalon ?

... PRODUCTEUR DE FILMS

Sachez pratiquer l'abnégation. A la façon du magnat hollywoo-dien Sam GOLDWYN :

— Ça m'est absolument égal que mon prochain film rapporte ou non de l'argent. La seule chose qui m'intéresse, c'est que tous les hommes, toutes les femmes et tous les enfants d'Amérique aillent le voir.

... COMÉDIEN

Vous êtes une jeune actrice aux dents longues.

Méditez cette boutade de la « columnist » américaine Elsa MAXWELL :

La carrière d'une star commence quand elle a du mal à entrer dans son chemisier, et se termine quand elle a du mal à entrer dans sa jupe.

*

Apprentie comédienne, vous avez été recalée au concours du Conservatoire.

Vous êtes en bonne compagnie : la grande Madeleine BRO-HAN *le fut également. Aussi, durant toute sa carrière, appela-t-elle cette vénérable institution :* le Servatoire.

* *
*

Vous venez de jouer comme un cochon. Il existe pour dire cela une formule noble :

— Ce soir, le dieu n'est pas venu. (MOUNET-SULLY)

*

En cours d'après-midi, vous souffrez d une rage de dents.
« *Comment allez-vous faire pour jouer ce soir ?* » *vous demande-t-on.*
Répondez, comme le fit Pierre FRESNAY :
— Ce soir, je n'aurai pas mal aux dents ; le personnage que j'interprète n'a pas mal aux dents.

*

Au cours d'une répétition, l'auteur, qui n'apprécie pas votre jeu, vous reproche de « *patauger dans son texte* ».
Répliquez, superbe :
— Monsieur, ça me portera bonheur !
Comme le fit Frédérick LEMAITRE *lors d'un accrochage avec Adolphe d'Ennery. (Mot repris par Prévert dans* Les Enfants du paradis.*)*

*

On vous propose un rôle dans une mauvaise pièce. Répondez comme RAIMU :
— D'accord, à condition que je joue costumé en gardien de square manchot. Ainsi, quand les spectateurs monteront sur la scène pour nous casser la figure, je pourrai leur dire : « Vous n'avez pas honte de frapper un mutilé ? »

*

Si l'on vous photographie en groupe...
Placez-vous toujours à l'extrême droite (qui deviendra l'extrême gauche sur le cliché). Votre nom sera ainsi cité le premier dans la légende de la photo : On reconnaît de gauche à droite : X..., Y..., Z... etc.
C'est un truc que donnait René SIMON *aux élèves de son cours d'art dramatique.*

*
* *

Vous avez, forcément, un imprésario... pardon : un « agent ».
Vous connaissez la devise de sa profession : « Tous pour un, un
pour tous... dix pour cent. » Ne l'oubliez jamais, même à votre
heure dernière :

Je désire être incinéré. Un dixième de mes cendres sera donné,
conformément à notre contrat, à mon agent. *(Testament de*
Groucho MARX.*)*

*

Si une admiratrice vous écrit pour vous demander un autogra-
phe, répondez-lui de votre plus belle plume, comme le faisait
Sacha GUITRY :

Pardonnez-moi, madame, mais je ne donne jamais d'auto-
graphe.

Et vous signez.

*

Vous êtes un comédien-auteur (comme l'étaient Molière et
Sacha, comme le fut Roussin à ses débuts), et vous vous êtes
donné un rôle dans votre pièce...

Désamorcez les ricanements. Proclamez :

— On va encore dire que je couche avec l'auteur !

(Un mot de Woody ALLEN, *qui se « distribue » dans tous ses*
films.)

*
* *

Si vous êtes un « amuseur » — comique de cabaret ou de
cinéma — et qu'un journaliste vous interviouve gravement sur
« les mécanismes du rire »...

... faites-lui la réponse de Francis BLANCHE *à semblable*
question :

— Ne m'appelez plus à ce sujet : je n'y suis pour Bergson !

... AVOCAT

Une dame candidate au divorce est venue vous consulter Rassurez-la d'entrée :
— Vous êtes jolie, nous prouverons facilement que votre mari a tous les torts *(Légende d'un dessin de DAUMIER.)*

*

A un client écrivain qui fait dans le genre porno :
— A la Belle Époque, vous auriez fini comme Beethoven : par la Neuvième !
(Le mot est de CURNONSKY, quand il écrivait des romans polissons pour le compte de Willy. La « 9ᵉ » était la chambre correctionnelle qui avait à connaître des « outrages aux bonnes mœurs par voie du livre ». Elle est devenue aujourd'hui la 17ᵉ.)

**

Si vous êtes d'un naturel imprudent...
Déclarez au magistrat qui dirige l'audience :
— *Comme vous ne l'ignorez pas, monsieur le président,* nous avons vous et moi la même maîtresse...
Prenez alors un temps. Puis, au moment où il ouvre la bouche pour vous demander raison, ajoutez : « Oui, la science juridique *(Mᵉ Jean-Edouard BLOCH)*

*

A un autre président qui vous demande (question à ne jamais poser) : « Pour combien de temps en avez-vous, maître ? »...
— Le temps que la Cour comprenne. Ça peut être long.
Et à un procureur malveillant :
— Cette balance qui est l'attribut de Thémis, vous n'êtes pas obligé d'en être le fléau. *(Deux impertinences de Mᵉ de MORO-GIAFFERI.)*

*

Sachez citer à bon escient le passage de GIRAUDOUX *qui anoblit votre profession :*
Les juristes sont poètes entre les poètes. Le droit est la plus puissante des écoles de l'imagination. Jamais poète n'a interprété la nature aussi librement qu'un juriste la réalité.

*

Si vous « manquez de présence » au Palais, ayez la probité de faire libeller vos cartes de visite sur le modèle de celles du poète parodiste FOUREST *lors de son bref passage au Barreau :*
Maître Georges Fourest. Avocat loin de la Cour d'Appel

*

Les amis d'enfance, ces clients gratuits donnés par la nature (Me Pierre LOEWEL)

... MAGISTRAT

MAZARIN *disait du président Lecoigneux :* Il est si bon juge, qu'il enrage de ne pouvoir condamner les deux parties.
— Accusé, plaidez-vous coupable ou avez-vous été élevé dans le Kentucky ? (Ambrose BIERCE)

*

Un inculpé prétend « n'avoir pas réfléchi » avant de commettre son délit...
... Soyez sentencieux :
— Il le fallait, mon ami. Si, comme l'épingle, l'homme a une tête c'est pour l'empêcher d'aller trop loin. (Président ROYER)

*

Si un avocat, vous prenant à témoin, dit : « Je vous fais juge, monsieur le président... » protestez en disant :
— Vous êtes trop aimable, mais je l'étais déjà. (Président LIVINEC)

*

A un accusé dont l'entêtement commence à vous énerver :
— On ne vous demande pas si vous êtes innocent, on vous demande si vous êtes coupable !
(Président DUBOIS, *appelé « le président Maximum », parce que son leitmotiv était :* Pour cette fois je vous f... le maximum, mais n'y revenez pas.)

*

Un jeune avocat vous déclare, très sûr de lui : « Vous savez, monsieur le président, je suis très à cheval sur le Code. »
Faites-lui observer gentiment :
— Soyez très prudent, maître : il faut toujours se méfier des bêtes qu'on ne connaît pas. (Président BATIGNE)

... MÉDECIN

Tant que les hommes pourront mourir et qu'ils aimeront vivre, le médecin sera raillé, mais payé. (LA BRUYÈRE)
Le testament de DU MOULIN, *un grand médecin du* XVIIIe *siècle, sur son lit de mort, entouré de plusieurs savants confrères :*
— Messieurs, je laisse après moi trois grands médecins : l'eau l'exercice, la diète.
A la même époque, son confrère anglais le Dr. ABERNETHY *donnait à un riche malade goutteux cette prescription :*
— Vivez avec un demi-shilling par jour, et gagnez-le.

... PEINTRE

Jugez vos devanciers sans indulgence coupable. LORJOU : *Bonnat était un imbécile avec des dons de peintre, à moins que ce ne fût un peintre avec des dons d'imbécile.* L'hommage de Lorjou le dynamiteur à la peinture académique.

... PIANISTE

Le pire ennemi d'un pianiste, ce sont les mouches, car elles profitent du fait qu'on a les doigts occupés pour vous entrer dans le nez. (Arthur RUBINSTEIN)

... COUTURIER

On ne s'habille bien que dans les pays où l'on se déshabille beaucoup. (Fortunat STROWSKI)

L'unique préoccupation d'un couturier doit être : cette robe donnera-t-elle à un homme l'envie de déshabiller la femme qui la portera ? Si oui, la robe est réussie. (NICOLE)

Malheureusement pour nous, couturiers, trop de femmes, qui se déshabillent au comptant, s'habillent à crédit. (Louis FÉRAUD)

POUR VOUS DÉFENDRE
DE NE PAS ÊTRE UN PETIT GÉNIE
DANS VOTRE PROFESSION...

... *citez* Jean ANOUILH :

Tout le monde ne peut pas peindre le plafond de la Sixtine, mais on peut devenir un excellent peintre d'assiettes.

Rappelez aussi le mot de COURTELINE, *qui avait la modestie des vrais orgueilleux :*

Moi ? *disait-il quand on le complimentait sur son style.* Voyons ! je ne suis qu'un petit sculpteur de pommes de parapluie.

CAS PARTICULIERS

VOUS PRENEZ LE MÉTRO
A UNE HEURE DE POINTE

Doukipudonktan? (QUENEAU. *Zazie*.)
En orthographe phonétique. Se passe de commentaires.

LES « ÉVIDENCES »

A ceux, innombrables, qui ajoutent : « Cela va sans dire » :
— Cela ira encore mieux en le disant. (TALLEYRAND)

IL SE FAIT UN GRAND SILENCE

On entendrait voler une montre. (CAPUS)
Christian PLUME *rappelle que les combattants de juin 40
préféraient dire :* On entendrait voler l'aviation française.

A LA TERRASSE ESTIVALE D'UN CAFÉ

— Garçon, un quinquina, et un peu moins de vent! (ALLAIS)

VOUS ÊTES AUVERGNAT
(comme Roger Cazes)

Ne manquez pas de citer Alexandre VIALATTE :
L'Auvergne produit des ministres, des fromages et des volcans.
Encore Vialatte n'était-il pas, selon son propre aveu, un Auvergnat professionnel, mais un Auvergnat amateur.

TROU AU PANTALON

Un de vos amis a brûlé son pantalon avec une braise de cigarette. Rassurez-le :
— Un trou au pantalon? Bah! on n'en meurt pas. Sauf si l'on est scaphandrier, naturellement. (TOULOUSE-LAUTREC)

UN MATIN D'ÉLECTIONS...

... si vous avez choisi l'absentéisme.
Le comte Boni de CASTELLANE, *l'un des dandys de la Belle Époque, disait à son valet de chambre :*
— Firmin, nous allons sortir tous les deux, vous pour voter socialiste, moi pour voter légitimiste. Restons donc chez nous, et le résultat sera le même.

Tâchez d'adapter cette réplique à l'usage de votre bonne portugaise.

« DO NOT DISTURB »

Puisque vous avez un valet (ou une bonne)...
Vous lui faites un soir cette recommandation :
— J'ai demain matin un rendez-vous important, réveillez-moi à 7 heures.
Mais ne manquez pas d'ajouter :
— Si à 8 heures je ne suis pas levé, vous me laisserez dormir jusqu'à midi.
Les consignes que donnait Tristan BERNARD.

A UNE « PREMIÈRE » DE THÉÂTRE

Dès le rideau tombé, en bon invité, vous vous rendez dans les coulisses pour féliciter les comédiens. Dites alors :
— Allons complimentir. (Francisque SARCEY)

VOUS ÊTES UN AUTODIDACTE

Parlez-en sans complexe, avec la modestie d'un MAURICE BIRAUD :
Mes études ont vraiment été très... secondaires. *Et :* Pour mon bagage intellectuel, j'ai jamais eu besoin de porteur.

VOUS PORTEZ
UNE GROSSE MOUSTACHE

Groucho MARX, *parlant de la sienne :*
— Bien sûr qu'elle est vraie : elle appartient à mon frère Zeppo.

CANINERIES

Un de vos amis a acheté un chien policier.
Quand vous les rencontrez, ne manquez pas de dire à l'animal :
— Si tu es vraiment un chien policier, montre-moi ton insigne.
(James THURBER)

VOUS ÊTES ATHÉE

Un de vos amis vous exhorte à vous convertir au catholicisme.
Dites-lui :
— Impossible : il n'existe qu'une seule place de pape, et elle est déjà pourvue. (G. B. SHAW)

VOUS PRENEZ L'ASCENSEUR

Récitez aux amis qui vous accompagnent ce quatrain de Jean CANOLLE (*un pastiche de* la Légende des siècles) :

Farouche, il enferma dans un panier d'osier
Les barons Otis-Pifre et Roux-Combaluzier.
Ainsi furent occis, au son joyeux du fifre,
Les barons Roux-Combaluzier et Otis-Pifre.

VOUS LOUEZ UN APPARTEMENT

Inquiétez-vous de savoir si les murs sont insonorisés. Recommandez à la dame de l'agence :
— Surtout, qu'il ne soit pas dans un de ces immeubles dont les plans semblent avoir été dessinés par Stradivarius. (Georges RAVON)

AU RESTAURANT

A une table voisine, un butor appelle d'une voix de stentor :
« *Sommelier !...* »
Si vous ne craignez pas les coups, faites-lui observer d'une voix douce :
— Monsieur, il n'y a pas de sommelier. Il n'y a que de sottes gens.
(*Un mot de* HUGO. *Non, pas Victor : le chef des maîtres d'hôtel au Maxim's de la Belle Époque.*)

« SI J'ÉTAIS ROI »

On vous demande ce que vous feriez si vous étiez roi...
— Si j'étais roi, je me méfierais des as. (T. BERNARD)

DANS UN MAGASIN

*Vous entrez accompagné d'une amie chère. Une vendeuse
vous demande : « Vous êtes ensemble ? »*
Dans cette circonstance, Paul-Jean TOULET *répondit :*
— Oui. depuis quinze ans.

VOUS ARRIVEZ EN VISITE

On vous crie : « Fermez la porte, il fait froid dehors ! »...
Faites observer avec bon sens :
— Croyez-moi, même si je ferme la porte, il fera toujours aussi
froid dehors. (P. DAC)

VOUS SORTEZ DE LA MESSE

On vous demande « sur quoi a prêché le curé »...
— Sur le péché. Il est contre. (Président COOLIDGE)

A L'OPÉRA

Des amis vous y ont amené.
Comme le fit Alfred JARRY, *désignez du doigt les musiciens de
l'orchestre, en criant :*
— Je ne comprends pas qu'on laisse entrer les spectateurs des

six premiers rangs avec des instruments de musique ! Au vestiaire les violons, clarinettes et autres bassons !

LE CAFÉ MATINAL

Le café que vous prépare votre mari tous les matins bout grand train — et, comme chacun sait : « café bouillu, café foutu » ... Criez au responsable :
— La France, ton café fout le camp !
*C'est la phrase historique que lança M*ᵐᵉ *du BARRY à Louis XV, qui tenait à faire son café, leur café, lui-même, et qu'elle appelait « la France » dans l'intimité.*

VOUS ÊTES « DANS LES AFFAIRES »

On vient de vous nommer vice-président de votre société. Ne manquez pas de faire observer :
— C'était le seul vice qui me manquait !
(*Le mot de TALLEYRAND quand il fut fait Vice-Grand-Électeur de l'Empire. Mais en ce qui le concerne, c'était vrai.)*

ANGES GARDIENS

Bien que de constitution chétive, vous fréquentez les mauvais lieux...
Faites-vous accompagner d'un ami costaud. Et, quand un malabar vous cherche noise, prévenez-le :
— Si vous insistez, je vous flanque la main de Monsieur sous la figure !
C'est ce que faisait TOULOUSE-LAUTREC, le nain génial,

quand il écumait les beuglants de Montmartre, flanqué de son cousin et garde-du-corps Tapié de Céleyran, un grand escogriffe qui pratiquait la boxe française.

ACCOLADES

Vous êtes chargé de remettre les insignes de la Légion d'Honneur à un ami nouvellement promu. L'ayant fait, concluez comme Pierre-Jean VAILLARD :

> Pour respecter le protocole
> En terminant par un quatrain,
> Je vous étreins,
> Je vous accole.

ÉTONNEMENTS

Souhaitez-vous étonner un ami rencontré dans la rue ?...
Regardez-le dans les yeux et dites-lui d'une voix pénétrée
— Étonne-moi !
Le mot de Serge de DIAGHILEV à Cocteau, que celui-ci devait rappeler sa vie durant.

VOUS ASSISTEZ A UN COURONNEMENT

Tant de gens réunis pour voir un homme se mettre un chapeau sur la tête... et encore un chapeau qui n'a même pas de fond ! Il faut croire que ce spectacle intéresse encore. Car enfin, il y avait bien là cinq cents cons, dont j'étais. (CLÉMENCEAU, *retour du couronnement de George V d'Angleterre.*)

SUR UN CHAMP DE COURSES

Une vieille dame vous aborde, pour vous demander « quelle est exactement la différence entre un cheval entier et un cheval hongre ? » Répondez, comme le fit, à une autre aïeule curieuse, le comédien et homme de cheval René LEFÈVRE :

— Madame, la décence m'interdit de vous donner des explications détaillées. Mais je peux vous dire que cette différence, si vous l'aviez sur la paupière, ça vous ferait un sacré compère-loriot !

AU ZOO

Vous y avez amené votre petite nièce.
Profitez-en pour l'instruire en zoologie.
A propos du zèbre, citez Alphonse ALLAIS :
J'ignore pourquoi on l'appelle ainsi : à cause de sa vélocité, ou à cause des zébrures de son pelage.
Si elle en profite pour vous demander : « Qui c'est le papa du veau ? C'est le bœuf ? »... ne l'induisez pas en erreur, répondez :
— Non. Le bœuf, c'est son oncle. (*Toujours d'*ALLAIS.)
Devant la cage aux singes, passez à Jules RENARD :
Un singe, c'est un homme qui n'a pas réussi.
Quant à la question : « De quoi se nourrissent les rossignols ? »...
— De vers luisants, bien sûr. (Louise de VILMORIN)

FOURRURES

Vous pouvez dire à une dame qui porte un manteau de fourrure quantité de choses... sauf une :

La fourrure, c'est une peau qui change de bête. (Aurélien SCHOLL)

ON VOUS INTERVIOUVE

Vous êtes en effet un homme public (comédien, écrivain, musicien ou peintre, connu).

Nous ne saurions trop vous conseiller la réponse-type de CHAVAL :

Je suis un homme arrivé, ma fortune est considérable. Je possède : 12 automobiles, 3 fiacres, 30 chevaux de course, 1 cheval de labour, 2 000 chiens de race (et il en vient toujours), 1 chienne, 4 châteaux historiques, 2 châteaux sans histoires, 15 fermes, 1 prison, 2 préfectures, 3 boulangeries, 1 yacht, 1 appareil à rouler les cigarettes et de nombreux bijoux. Mon standing actuel me permet d'entrer chez le Pape à n'importe quelle heure, la casquette sur la tête et en fumant. Je tutoie trois rois en activité et une reine en exil, eux par contre me disent « vous » et rougissent en me parlant, enfin ça va, quoi. (*Bizarre, réédité par J.-J. Pauvert chez Garnier.*)

INVITATION A DÎNER

Vous souhaitez inviter à votre table un écrivain célèbre.
Recopiez, tout simplement, le billet que la chanteuse SOPHIE
ARNOULD *envoya à Voltaire :*
Monsieur, faites-moi la grâce de venir demain dîner chez moi.
Vous ne vous amuserez certes pas beaucoup, parce que je n'ai
pas d'esprit, mais votre visite me permettra d'en avoir le lende-
main, car j'ai bonne mémoire.

VOUS AVEZ UNE « AFFAIRE D'HONNEUR »

Vous vous battez en duel à l'épée.
Si votre adversaire est un obèse mesurant quelque 140 cm. à
l'Équateur, tracez un cercle sur son abdomen avec de la craie, et
dites :
— Il faut égaliser nos chances : tout ce qui sera en dehors du
rond ne comptera pas.
C'est ce que fit et dit, au xviiie *siècle, le comédien* DUGAZON,
lors du combat qu'il livra à son gros camarade Dessessart.

*

Si, le jour du duel, il pleut à verse, faites bien préciser :
— On arrête au premier éternuement. Je veux bien être tué
mais à sec.
C'est la précaution que prit SAINTE-BEUVE, *dont la santé était*
fragile, quand il se battit au pistolet avec le directeur du Globe,
Paul Dubois, dit Dubois de la Loire-Inférieure. (Ils s'étaient
respectivement traités de « Sainte-Bave » et « Dubois de la
Gloire-Inférieure ».)

Si, au fort d'un duel à l'épée, acculé, vous sentant perdu, vous saisissez avec votre main gauche l'épée de l'adversaire et, l'ayant ainsi neutralisé, lui portez un coup dans la cuisse...

... il ne vous reste plus qu'à partir, tête basse, hué par les quatre témoins, en murmurant :

— Pour faire oublier cela, il faudrait une guerre !

Le mot d'Arthur MEYER, directeur du Gaulois, après son pitoyable combat contre le polémiste Édouard Drumont.

Quand mon honneur me gêne, je m'assois fort bien dessus ! Il faut sortir de Péronne. (LOUIS XI)

Tout ce qui est déshonoré se porte bien. (MONTHERLANT)

A notre époque, l'honneur, ça repousse. (ACHARD)

*
* *

On vous demande si vous vous êtes déjà battu en duel...

J. RENARD : — Non, mais j'ai déjà reçu des gifles.

Un quidam vous dit, pour clore une discussion animée : « Je vous prie de vous considérer comme giflé. » Répliquez :

— Et moi, je vous prie de vous considérer comme tué par moi. (P. DAC)

*
* *

Vous venez d'insulter quelqu'un dans la rue. Selon le vieux code de l'honneur (qui aurait tendance à se perdre), un duel est inévitable. L'usage veut que vous tendiez à l'offensé votre carte de visite, afin que ses témoins puissent venir vous informer des modalités de la rencontre.

Prenez soin tout de même de ne pas lui remettre une de vos cartes personnelles mais celle d'une de vos relations.

C'était un truc utilisé par Alphonse ALLAIS, *qui détestait les duels. Il avait toujours sur lui, en cas d'affaire d'honneur, des cartes de personnalités connues, ainsi celle de l'académicien Paul Bourget ou de l'économiste Leroy-Baulieu. De temps à autre, ceux-ci recevaient la visite de deux messieurs en noir, venus leur proposer l'épée ou le pistolet.*

VOUS COMPARAISSEZ
EN CORRECTIONNELLE

Un cas assez particulier... Si, arrêté dans une manifestion et trouvé porteur d'un revolver, vous vous voyez inculpé de tentative d'homicide, aux motifs que, si vous aviez cette arme, c'était pour l'utiliser...

... rétorquez au magistrat instructeur, comme le fit le polémiste Henri Rochefort *en semblable circonstance :*

— Pas forcément, monsieur le juge. Tenez, je peux vous assurer que j'ai en ce moment sur moi tout ce qu'il faut pour commettre un attentat à la pudeur... et l'idée ne m'en effleure même pas !

***

Autre cas plus particulier encore. Si, déjà plus que sexagénaire, vous êtes inculpé de détournement de mineure, et que votre avocat vous dise : « Entre nous, vous auriez pu attendre l'année prochaine : elle aurait eu un an de plus »...

... répondez-lui avec un soupir :

— Moi aussi, hélas !

(Un client de Mᵉ *Raymond* HUBERT.)

***

Dans le même registre. Vous êtes accusé d'outrage public à la pudeur.

Ne vous défendez pas en citant Robert DESNOS :
Plus fait violeur que doux sens.
Ça ne prendrait pas !

***

Toujours en correctionnelle... Le président vient de rendre sa sentence. Demandez-lui respectueusement :

— *Puis-je dire un mot, monsieur le président ? Un simple mot.* Un mot de cinq lettres.

Vous attendez qu'il ait froncé le sourcil, s'attendant au pire. Puis vous terminez, avec un charmant sourire :

— *Ce mot, monsieur le président, c'est :* Merci.

(*Le chansonnier* GOUPIL, *inculpé occasionnel.*)

VOUS ÊTES ÉLU CHEF DE L'ÉTAT

Tout arrive ! vous êtes élu président de la République. Nous vous le souhaitons : Le privilège des grands, c'est de voir les catastrophes d'une terrasse. (GIRAUDOUX)

On vous félicite pour cette brillante promotion. Répondez modestement :

— La place est bonne, malheureusement il n'y a pas d'avancement.

(*La phrase d'*Armand FALLIÈRES, *président sortant, au nouveau président Raymond Poincaré en lui passant, en 1913, les consignes de l'Élysée.*)

*

Mais si, président de la République, vous recevez à l'Élysée un souverain étranger accompagné de son fils et héritier du trône, ne dites pas, pour être aimable : Et qu'est-ce que nous allons en faire, de ce grand jeune homme ?

(*La gaffe de* Mme Émile LOUBET *lors de la réception, par son mari, du roi Édouard VII d'Angleterre flanqué du prince de Galles, futur George V.*)

VOTRE SANTÉ ET VOUS

Mon Dieu, préservez-moi des souffrances physiques. Pour les morales, je m'en charge. (Tristan BERNARD)

La bonne santé, c'est d'avoir mal tous les jours à un endroit différent. (Michel CHRESTIEN)

Le secret d'une robuste santé : la pratique raisonnée de tous les excès et l'abstention nonchalante de tous les sports. (CURNONSKY)

Surtout ne tombez pas, comme Eric SATIE. *dans l'excès contraire :* L'air de Paris est si mauvais que je le fais toujours bouillir avant de le respirer.

Winston CHURCHILL *avait complété le vieil adage : « Une pomme par jour éloigne le médecin »...*

— Surtout si on vise bien! *ajoutait-il.*

Bien que d'apparence frêle, vous vous portez comme le Pont-Neuf. Dites, après COCTEAU :

— J'ai une santé de fil de fer.

*
* *

Le malade se doit de faire de bons mots. C'est ce qu'on attend de lui.

J. PRÉVERT : — Même assis, je ne tiens pas debout.

S. GUITRY, *au « Comment vous portez-vous ? » :*

— Heu... on me porte.

Si, comme lui, vous venez de réchapper d'une crise grave, ayez la courtoisie de dire à votre médecin :

— Ah! docteur, j'ai bien failli vous perdre.

Restez tout de même « social ». Si vous évoquez votre arthrite, ne manquez pas d'ajouter, comme BREFFORT :

— L'a...rthrite des vieux travailleurs, naturellement.

Que cela ne vous empêche pas d'être fier. Le médecin que vous êtes allé consulter vous annonce que vous avez « une belle maladie de foie ». Demandez, superbe :

— Comme Prométhée ?...

(Cette orgueilleuse réplique est de MOUNET-SULLY, grand tragédien soudain promu hépatique.)

Mais n'allez pas jusqu'à imiter Georges GRISIER, l'administrateur, insolvable, du journal La Patrie. Souffrant de lithiase, il avait fait monter en breloque le plus gros calcul extrait de sa vessie. Si un créancier se faisait exigeant, il exhibait cet objet, en disant :

— Quand on a payé ça à la société, on ne doit plus rien à personne.

*
* *

Paroles de réconfort à un ami malade :

La douleur embellit l'écrevisse. (A. VIALATTE)

La maladie, c'est ridicule, c'est pas triste ; et c'est pour ça qu'il faut en guérir : parce que le ridicule tue. (B. VIAN)

Si, trouvant son poids excessif, il suit un régime amaigrissant, rappelez-lui l'expérience tentée par Peter USTINOV :

— J'avais été voir un spécialiste de Londres. Le résultat a été étonnant : en moins de huit jours j'avais perdu trente livres. Trente livres sterling.

Si cet ami vous annonce qu'il doit consulter un psychiatre, ne vous récriez pas : Mais vous êtes fou ! L'auteur de cette boutade, Woody ALLEN, va voir le sien deux fois par semaine. N'appelez pas non plus ces distingués spécialistes, comme le fait Jacques MARTIN : les Jules Verne de la quéquette.

Les troubles mentaux, à notre fichue époque, cela existe. De plus en plus.

J'ai connu un roi atteint de démence précoce, dont la folie consistait à se croire roi. (PICABIA)

Le jour où les autos se mettront à penser, les Rolls-Royce seront plus angoissées que les taxis. (Henri MICHAUX)

* *
*

Les maladies sont les voyages du pauvre ; elles le transportent au-delà de lui-même. (R. JACCARD)

Et nous laisserons les derniers mots à Francis BLANCHE

Si vous ne vous sentez pas bien... faites-vous sentir par quelqu'un d'autre.

Et : Quand on a la santé, c'est pas grave d'être malade.

SAVOIR VIEILLIR

P. LEAUTAUD : Quand on me demande : « Qu'est-ce que vous faites ? » je réponds : « Je m'amuse à vieillir. C'est une occupation de tous les instants. »

Le temps, c'est de l'argent. Sur nos cheveux. (H. ROCHEFORT)

C'est avec les adolescents qui durent un assez grand nombre d'années que la vie fait des vieillards. (PROUST)

J. RENARD : La vieillesse, c'est quand on commence à dire : « Je ne me suis jamais senti aussi jeune ! »

PAGNOL : La vieillesse, c'est quand on dit « tu » à tout le monde, et que tout le monde vous dit « vous ».

A Paris, ce qu'on appelait autrefois l'âge mûr tend à disparaître. On reste jeune très longtemps, puis on devient gâteux. (A. CAPUS)

*
* *

L'expérience ? tu parles !
L'expérience a l'utilité d'un billet de loterie après le tirage. (A. d'HOUDETOT)

Quand j'étais petit, on me disait toujours : « Tu verras quand tu auras cinquante ans ! »... Eh ! bien, m'y voilà, à cinquante ans. Et je n'ai rien vu. Rien. (E. SATIE)

Nostalgies...
Où donc est-il, le temps charmant
Où le mot m'arrivait si vite ?
Le mot venait d'abord et la pensée ensuite.
J'étais un poète, vraiment. (Tristan BERNARD)

Rancœurs...
Paul LEAUTAUD :
Non, non, je ne deviens pas bon en vieillissant, ni indulgent. La bêtise me remplit d'une haine sans borne.

C'est le privilège des vieux messieurs de ne plus trouver rien de bon ni de bien, comparativement à ce qu'ils ont connu dans leurs beaux jours.

***

Si vous voulez vivre longtemps, vivez vieux. (SATIE)
Un ami, venu vous souhaiter votre anniversaire, vous dit : « Je vous souhaite de vivre jusqu'à cent ans. »...
Répondez, comme FONTENELLE :
— De grâce, ne fixez pas de limite à la bonté de Dieu. Vous allez me porter malheur.
(Il devait, effectivement, mourir l'année de ses cent ans.)
Un jeune journaliste venu voir Winston CHURCHILL *pour ses quatre-vingts ans, commit la même maladresse : « Sir, j'espère venir vous saluer à nouveau le jour de vos cent ans. »*
L'octogénaire toisa le blanc-bec :
— Je ne vois pas pourquoi vous ne le feriez pas : vous me paraissez en excellente santé.
(Churchill devait mourir à 90 ans bien sonnés.)

***

Acceptez avec ce qui vous reste d'humour les infirmités de l'âge :
La paralysie est le commencement de la sagesse. (PICABIA)
Arthur RUBINSTEIN, *devenu presque aveugle :*
J'ai décidé de ne plus jouer, non parce que je ne trouve plus les notes, mais parce que je ne trouve plus le piano !
Si votre prostate vous oblige à vous lever trois fois par nuit, soupirez à la cantonade :
— Cet appareil de moins en moins génital et de plus en plus urinaire...
(Un mot de CURNONSKY *vieillissant.)*

*
* *

Ce qu'il y a de triste, ce n'est pas d'être vieux ; c'est de ne plus
être jeune, *déclarait* DUMAS fils.

Il n'y a qu'à le rester.

Le soir se lève, il faut tenter de vivre! *dit* Pierre DANINOS,
*adaptant au troisième âge le vers altier de Valéry (« Le vent se
lève... »)*

Quand on est jeune, c'est pour la vie. (Ph. SOUPAULT)

Après tout, il faut avoir une jeunesse. L'âge où on se décide à
être jeune importe peu. (DUVERNOIS)

COCTEAU :

On peut naître vieux comme on peut mourir jeune.

La jeunesse est une acquisition de l'âge mur.

*Si l'on vous demande : « Mais que faites-vous donc pour rester
jeune ? », répondez avec* Henri JEANSON :

— Je ne me quitte jamais.

Il a dit aussi :

Mon rêve : mourir jeune à un âge très avancé.

On est jeune tant que l'on sait dire non. Premier oui, première
ride.

Un peintre a l'âge de ses tableaux. Un poète a l'âge de ses
poèmes. Un scénariste a l'âge de ses films. Seuls les imbéciles ont
l'âge de leurs artères.

*
* *

Un jour, quand je serai jeune.
La devise de Jean-Pierre DORIAN

SAVOIR MOURIR

La mort, c'est un manque de savoir-vivre. (P. DAC)

Partir, c'est mourir un peu... mais mourir, c'est partir beaucoup. (ALLAIS)

La mort, c'est le seul examen auquel on ne soit pas recalé. (CLAUDEL)

Je veux que la mort me trouve plantant mes choux. (MONTAIGNE)

On vous demande où vous souhaitez être enterré...

— Au Père-Lachaise. J'y connais plus de monde. (MIRANDE)

L'homme vraiment bien élevé vit chez sa maîtresse et meurt chez sa femme. (H. BECQUE)

Le soleil ni la mort ne se peuvent regarder fixement. (LA ROCHEFOUCAULD)

La mort est si ancienne qu'on lui parle en latin. (GIRAUDOUX)

Arthur RUBINSTEIN : Je me suis habitué à la mort : un pianiste est un homme déguisé en croque-mort, avec en face de lui, constamment, son piano qui ressemble à un corbillard.

Rira bien qui mourra le dernier. (Ph. SOUPAULT)

Woody ALLEN : Ce n'est pas que j'aie vraiment peur de mourir, mais je préfère ne pas être là quand ça arrivera.

Il a dit aussi : Étant libre-penseur, je ne crois pas à la vie future. Mais à tout hasard, quand je mourrai, j'emporterai des vêtements de rechange.

LA MORT DES AUTRES

Si vous me faites l'honneur d'assister à mon enterrement, je me ferai un plaisir d'assister au vôtre. (Léo CAMPION)

Au temps où les deux GUITRY jouaient à la Porte-Saint-Martin... Lucien *reçoit dans sa loge la visite de Hertz, le directeur :*
— *Maître, votre fils Sacha... il m'a dit une chose affreuse :«* Je n'irai pas à votre enterrement. »
— *Ah! ce n'est pas gentil. Mais rassurez-vous :* moi, j'irai !

*

A partir d'un certain âge, on suit avec attention les rubriques nécrologiques.
Chaque matin, le journal nous console avec la mort des autres. (Pierre HUMBOURG)

G.-B. SHAW *n'envoyait jamais de condoléances aux familles de ses amis décédés.* La mort, *disait-il,* ne m'impressionne pas. J'ai moi-même, en effet, l'intention bien arrêtée de mourir un jour.

*

Tristan BERNARD, *quand il voyait passer un corbillard, le hélait :* Cocher! êtes-vous libre ?
Rien ne vous empêche d'en faire autant; en criant, bien sûr : « Hep! taxi... »

*

Aux obsèques de Christian Bérard... Yves MIRANDE, *qui devait mourir quelques mois plus tard :*
— C'est la dernière fois que je suis un enterrement en amateur.

*

Jules RENARD : C'est rudement commode, un enterrement. On

peut avoir l'air maussade avec les gens : ils prennent cela pour de la tristesse.

ALLAIS *et lui suivaient le convoi funèbre d'une vague connaissance. Le cimetière était loin, et le soleil, torride.*

— Je commence à le regretter ! *murmura Allais.*

*

Le jour des obsèques de Jules Berry, pendant le discours d'usage, MIRANDE *bougonne :*

— C'est bien la première fois qu'on honore sa mémoire !

Berry, amnésique génial, n'avait jamais su un traître mot de ses rôles.

*

Glané au long des cortèges :

Se faire enterrer un vendredi 13 ! Il faut vraiment ne pas être superstitieux. (L. CAMPION)

— *On ne sait pas de quoi il est mort.*

— Il faut dire qu'on ne savait pas non plus de quoi il vivait.
(CAPUS)

Condoléances de l'abominable FORAIN *au veuf d'une femme notoirement entretenue :*

— Ne pleurez pas : vous la retrouverez dans un demi-monde meilleur.

Il pleut à verse...

Rappelez le mot de LOUIS XV, *regardant, d'une fenêtre de Versailles, le corbillard qui emportait Mme de Pompadour sous une pluie battante :*

— La marquise aura bien mauvais temps pour son voyage.

* *
*

A ne pas faire !

Si vous n'avez pu accompagner un de vos amis à sa dernière demeure, inutile d'envoyer à sa veuve ce mot d'excuses :

Je n'ai pu assister aux obsèques de votre mari, étant moi-même assez souffrant.

C'est pourtant ce que faisait — honte sur lui ! — Francis BLANCHE.

*

* *

Si vous assistez à une crémation...

... le mot de CAPUS *au columbarium du Père-Lachaise, le jour où l'on incinéra Moréas :*

— Quelle belle fin ! Il s'en va comme un cigare...

Un joli mot de boulevardier.

Woody ALLEN : Je préfère l'incinération à l'enterrement, et les deux à un week-end avec ma famille.

SI VOUS MOUREZ VOUS-MÊME

Rédigeant son testament, le roi GUSTAVE V DE SUÈDE *avait commencé par l'incidente : « Quand je mourrai... »*

Il s'arrêta, la plume en suspens : quelque chose dans cette rédaction le chiffonnait. Il froissa la feuille, en prit une autre et écrivit d'une main sûre :

Si je meurs...

Pourquoi pas ? On peut rêver, non ?

*

* *

Si vous mourez, donc.. le moment est venu des « dernières paroles ».

C'est l'heure où l'on ne triche plus (Claude AVELINE) .. La parole vraie de l'homme est sa dernière. (LICHTENBERG)... A son lit de mort, l'homme songe plutôt à élever son âme vers Dieu que des lapins. (COMMERSON)

Voici, pour vous inspirer, quelques « mots de la fin » de vos devanciers célèbres :

MONTAIGNE . Ce n'est pas la mort que je crains, c'est le mourir.

FONTENELLE, *à son médecin qui lui demandait :* « *Vous souffrez ?* »...

— Non, je sens une difficulté d'être.

PIRON... « *Cela va-t-il ?* » *lui demandait La Place. Il répondit :*

— Non, cela s'en va.

CHURCHILL, *sur son lit de mort :*

— Je suis prêt à rencontrer mon Créateur. Mais Lui-même est-Il prêt ? C'est une autre histoire.

BERNANOS *se redressa sur son séant, cria :* A nous deux !... *puis sombra dans le coma.*

GOETHE : — Ouvrez donc les volets. De la lumière... Plus de lumière...

MUSSET : Dormir. Enfin je vais dormir.

BALZAC, *dans son délire :* Bianchon ! appelez Bianchon ! lui seul me sauvera !

Le docteur Bianchon était l'un des personnages de la Comédie humaine.

HUGO : Allons ! il est temps que je désemplisse le monde.

Ah ! je m'en souviendrai, de cette planète ! (VILLIERS de l'ISLE-ADAM, *mort misérable à l'hôpital.*)

***

Le compositeur RAMEAU, *au curé qui, à son chevet, chantait un cantique des morts :*

— Que chantez-vous là, monsieur le curé ? Vous avez la voix fausse.

BERLIOZ, *à l'un de ses amis, avec un sourire triste :*

— Enfin ! on va maintenant jouer ma musique.

Le mathématicien BOSSUT *gisait prostré, sans voix, depuis des heures...* « *Le carré de 12 ?* » *murmura Maupertuis qui était à son chevet.*

— 144, *répondit-il dans un souffle.*

Et il expira.

Le grammairien BOUHOURS, *se trouvant à toute extrêmité, dit aux assistants :*

Je m'en vais ou je m'en vas. L'un ou l'autre se dit, ou : l'un et l'autre se disent.

Les derniers mots intelligibles de SARAH BERNHARDT *furent :*

— Y a-t-il des journalistes en bas ?

Elle avait, quelques instants plus tôt, fait appeler son élève préféré, Jean Yonnel, lui avait touché le front, et lui avait dit ce seul mot : Aime. *Son testament.*

Mourir, c'est difficile, quand il n'y a pas le public. (MOUNET-SULLY)

* * *

VAUQUELIN des YVETAUX, *le précepteur de Louis XIII, à sa femme :*

— Ma mie, jouez-moi je vous prie sur votre clavecin cette belle allemande, afin que je passe plus doucement... « allegramente ».

Jules RENARD *à la sienne :*

— Marinette, pour la première fois je vais te faire une grosse, très grosse peine.

Mark TWAIN, *à Mrs. Twain, avec qui il vivait en mauvaise intelligence :*

— Au revoir, chère... si nous nous revoyons.

* * *

Le gastronome GRIMOD de LA REYNIÈRE, *sur son lit de mort, demanda un grand gobelet d'eau claire, et le but en disant :*

— Quand on meurt, il faut se réconcilier avec ses ennemis.

Son confrère Charles MONSELET, *mort la veille de Noël, à quelques heures du réveillon :*

— Je vais avoir un « Dies irae » aux truffes.

*

H.-G. WELLS, *écartant ses amis :*

— Vous voyez bien que je suis occupé à mourir !

*Les dernières paroles d'*Ethan ALLEN, *général de la guerre de Sécession, mortellement blessé au combat.* « Les anges vous attendent », *lui disait le pasteur.*

— Ils attendent ? Eh bien, Dieu les damne, qu'ils attendent !

Le marquis de BIÈVRE, *l'homme aux quatre mille calembours, mort à Spa :*

— Mes amis, je m'en vais de ce pas.

CAMI, *amputé d'une jambe à 74 ans :*

— Tout va bien · depuis ce matin j'ai un pied dans la tombe. Et comme je deviens sourd, je n'entendrai pas sonner ma dernière heure.

L'humoriste Henri MONNIER, *avec une grimace :*

— Il va falloir être sérieux là-haut !

Le faux testament du chef arverne Vercingétorix, imaginé par Jacques PERRET :

Mes braies dans la couche des Romaines et mes cheveux dans la choupe de Chéjar.

★ ★

Edward THURLOY, *homme d'État anglais du xviiiᵉ siècle :*

— Que je sois pendu si je ne suis pas en train de mourir !

TALLEYRAND, *à Louis-Philippe venu à son chevet :*

— Sire, je souffre comme un damné...

— Déjà ! *aurait murmuré le roi, songeur.*

★ ★

Avant de se faire anesthésier, MIRANDE *demanda au chirurgien :*

— N'est-ce pas, docteur, c'est un aller-retour ?

Le dernier mot de WILDE, *recevant la note de son médecin :*

— Je meurs vraiment au-dessus de mes moyens.

Le « mot de la fin » de FORAIN, « *Vous avez une mine superbe* », *s'obstinait à lui dire le médecin, alors qu'il se savait perdu...*

— Si je comprends bien, je meurs guéri.

★ ★

Francis de CROISSET :

— Je m'ennuie déjà !

RABELAIS : Tirez le rideau, la farce est jouée.

Et cet admirable lieutenant dont parle BRANTOME :

La première volée de canon emporta dix de ces bancs avec

leurs forçats tout net et un lieutenant qui s'appelait Panier, bon compagnon qui pourtant eut le loisir de dire : « Adieu, Panier, vendanges sont faites. » Sa mort fut plaisante par ce mot.

Le plus beau mot de la fin reste quand même celui de la vicomtesse d'HOUDETOT, *morte, jeune, d'une maladie de poitrine :*

— Je me regrette

Mais Robert SABATIER *dans son* Dictionnaire de la mort (1) *et* Claude AVELINE *dans ses* Mots de la fin (2) *en ont relevé bien d'autres.*

*
* *

Peut-être avez-vous eu le temps de rédiger un testament ?... *Celui de* SCARRON :

Je lègue tous mes biens à mon épouse, à condition qu'elle se remarie. Ainsi, il y aura tout de même un homme qui regrettera ma mort.

(On sait que la veuve Scarron, devenue marquise de Maintenon par décision de Louis XIV, se remaria avec celui-ci.)

Le testament de Charles CROS, *grand humoriste et inventeur méconnu, mort dans la misère :*

Au nom du Père et du Fils et du Saint-Esprit, ainsi soit-il. Je n'ai rien, je dois beaucoup, je donne le reste aux pauvres.

*
* *

Pensez aussi à l'épitaphe que l'on gravera sur votre tombe. Vous pouvez même la rédiger vous-même par avance. Cela c'est beaucoup fait...

Le chevalier de BOUFFLERS :
> Mes amis, croyez que je dors.

Mme de BOUFFLERS :
> Ci-gît, dans une paix profonde,
> Une dame de volupté

(1) Albin Michel.
(2) Hachette.

Qui, pour plus de sécurité,
Fit son paradis en ce monde.

Georges FOUREST :
>Ci-gît Georges Fourest, il portait la royale
>Tel autrefois Armand Duplessis-Richelieu.
>Sa moustache était fine et son âme loyale,
>Oncques il ne craignit la vérole ni Dieu.

VALERY :
Ci-gît Paul Valéry, tué par les autres.

Marcel PAGNOL, *nourri des poètes latins :*
Fontes, amicos, uxorem dilexit.
(« Il a aimé les sources, ses amis et sa femme. »)

Et celle-ci, lue sur une tombe anonyme :
Je vous l'avais bien dit, que j'étais malade !

**
* **

Les fausses morts...
Si un journal mentionne par erreur votre nom dans sa rubrique nécrologique, faites comme Mark TWAIN, *télégraphiez au directeur :*
Nouvelle de ma mort très exagérée.
Et si, circonstance aggravante, le journal qui a commis cette gaffe vous compte parmi ses abonnés, recopiez plutôt la lettre qu'écrivit KIPLING *dans la même circonstance :*
Monsieur le Directeur,
Comme vous êtes généralement bien informé, cette nouvelle doit être exacte. C'est pourquoi je vous prie d'annuler mon abonnement, qui ne me serait désormais d'aucune utilité.

L'AMOUR ET VOUS

JEANSON : Aimer est un verbe irréfléchi.

ACHARD : L'amour, c'est être égoïste à deux.

DUMAS fils, *à qui une dame demandait quelle différence il y avait entre l'amitié et l'amour :*
— Une différence énorme, madame. Du jour à la nuit. ||

L'amitié, c'est être confortablement rempli de rôti de bœuf. L'amour, c'est être pétillant de champagne. (Samuel JOHNSON)

L'amour est une chasse où le chasseur doit se faire poursuivre par le gibier. (Alphonse KARR)

Pourquoi les femmes ne courent pas après les hommes ? Parce que les pièges ne vont pas au-devant des rats. (Lise DEHARME)

Mystère insondable de l'amour... Comme se l'est demandé avec angoisse Pierre DESPROGES :

Entre Napoléon et Bonaparte, peut-on parler d'amour ? Et si l'on ne peut parler d'amour entre eux, peut-on parler d'amour entre la poire et le fromage ? et entre chien et loup ?...

Nous vivons un temps où l'amour se fait vite, c'est-à-dire mal. La faute en est aux affaires, aux automobiles, et aux fermetures-Eclair. (Louis TEISSIER du CROS)

Ces Français sont formidables : ils font l'amour même quand ils ne sont pas saouls ! (Art BUCHWALD)

L'amour, selon Maurice DONNAY *se résume en deux répliques :*
— Tu m'aimeras toujours ?
— Toi non plus.

Après avoir fait l'amour, le premier qui parle dit une bêtise. (H. de MONTHERLANT)

On gagne plus à avoir aimé qu'à avoir compris. (Jean ROSTAND)

On ne peut médire sans injustice d'un sentiment qui a survécu au romantisme et au bidet. (E.-M. CIORAN)

L'amour, c'est l'infini à la portée des caniches (L. F CÉLINE)

Il a été convenu que les femmes feraient semblant d'être faibles et timides et que les hommes feindraient d'être forts et courageux.

(Alphonse KARR)

... SEXE DIT FAIBLE

Vous appartenez au sexe dit faible...

Être une femme n'est pas un métier facile : on y a toujours affaire aux hommes. (William CONRAD)

*

La femme remonte à la plus haute antiquité. Elle est coiffée d'un haut chignon. C'est elle qui reçoit le facteur, qui reprise les chaussettes et fait le catéchisme aux enfants. Elle se compose essentiellement d'un chignon et d'un sac à main. C'est par le sac à main qu'elle se distingue de l'homme. (Alexandre VIALATTE)

*

On a si souvent répété aux femmes qu'elles sont débiles, perfides, cauteleuses et ainsi de suite que, malgré les suffragettes, le droit d'élire les députés, l'accès aux deux Chambres, la possibilité de devenir ministres, l'incorporation dans l'armée et la pratique des sports violents, elles n'ont pas cessé de le croire. Elles le croiront encore pendant une cinquantaine d'années. (Jean DUTOURD)

*

On dit de Vénus : Callipyge.
Moi je dis qu'elle y pige rien. (Jules LAFORGUE)

VOUS ÊTES UNE JEUNE FILLE

Un monsieur vous fait une cour pressante... mais pas pour le bon motif. Certain jour où il vous a rendu visite en l'absence de vos parents, il vous souffle : « Par où pourrait-on gagner votre chambre ? »
La question que posa Henri IV à Mlle d'ENTRAGUES, *laquelle répondit :*
— Par l'église, Sire.

*

— *Je cherche un mari, disait cette jeune comédienne.*
— Tu ferais mieux de chercher un célibataire, *lui conseilla sagement* Yves Mirande.

*

Si les loups étaient des chiens, les chaperons rouges feraient le trottoir. (COPI)

*

Vous êtes ravissante, pauvre et ambitieuse. Un monsieur important vous dit : « Vous êtes bien jolie, mon enfant... »
... répondez (c'est une légende de FORAIN*) :*
— Faut bien, m'sieur, quand on est pas riche.

*

Vous êtes une jeune fille pauvre qui veut rester honnête. Voici pour vous en consoler :

Le bonheur n'habite pas sous les nombrils dorés. (BALZAC)

Ne vous laissez pas acheter par une Porsche ou une Mercedes : la liberté, ça prend le métro. (Michel AUDIARD)

*

Additif : Vous êtes restée vieille fille

C'est ainsi qu'on appelle la veuve d'un célibataire. (Jacques GRELLO)

*

Une vieille fille, c'est une jeune fille qui a dit non une fois de trop. (PEYNET)

VOUS ÊTES UNE JEUNE MARIÉE

Épousée. — Femme qui a un bel avenir de bonheur derrière elle. (Ambrose BIERCE)

Il y a tant de femmes qui, le lendemain de leur mariage, sont veuves du mari qu'elles avaient imaginé ! (DONNAY)

Peut-être votre nuit de noces a-t-elle ressemblé à celle que Marguerite MORENO *passa avec Catulle Mendès ?...*

Il a marché toute la nuit autour de mon lit en rugissant des poèmes... et puis, au petit matin, il m'a ratée !

Ah ! les nuits de noces...

L'ultime conseil donné par une maman britannique à sa fille :

— Je sais, ma chérie, c'est dégoûtant ! Tu n'auras qu'à faire ce que j'ai fait avec ton père : ferme les yeux et pense à l'Angleterre ! (Pierre DANINOS)

Les hommes se marient parce qu'ils sont fatigués, les femmes parce qu'elles sont curieuses. Les uns comme les autres sont forcément déçus. (O. WILDE)

VOUS ÊTES UNE HONNÊTE FEMME

Une femme du monde est celle qui ne montre jamais involontairement ses dessous. (GYP)

Il y a des femmes qui n'aiment pas faire souffrir plusieurs hommes à la fois et préfèrent s'appliquer sur un seul : ce sont les femmes fidèles. (A. CAPUS)

C'est bon, soyez honnête. Pas trop tout de même... Les jeunes femmes qui ne mettent pas de rouge sont toujours quittées pour de vieilles femmes qui en mettent trop (Mme de GIRARDIN. *Il y a un bon siècle et demi !*)

La vertu, c'est tout ce qui reste aux femmes qui n'ont jamais en l'occasion de la perdre. (Boni de CASTELLANE)

La vertu me fait l'effet de la Bretagne : c'est beau, mais c'est triste. (FLERS et CAILLAVET)

*

Vous êtes honnête, mais de physique agréable ; donc, très convoitée.

L'existence d'une jolie femme ressemble à celle d'un lièvre le jour de l'ouverture. (Paul MORAND)

Un galant inconnu vous aborde dans la rue. Répondez-lui :

— Vous vous trompez, monsieur, je suis une honnête femme.

Que ça ne vous empêche pas d'ajouter, si l'audacieux est joli garçon :

— Croyez que je le regrette infiniment.

(Les deux répliques sont de la comédienne Madeleine BRO-HAN, « attaquée » à la sortie du théâtre.)

Un autre quidam vous arraisonne, la nuit, dans une rue déserte : « Vous me permettez de vous accompagner, madame ?... »

Comme Mary MARQUET, *toisez-le ironiquement et demandez-lui :*

— Pourquoi ? vous avez peur ?

N.-B. Il est préférable que, comme elle, vous mesuriez près d'un mètre quatre-vingt, avec des épaules en proportion. Sans cela, la réplique ne serait pas drôle. Et elle serait imprudente.

*

Un admirateur richissime, que vous avez éconduit, vous a fait livrer un objet de grand prix. Quand vous lui avez demandé combien cela vous coûterait, il vous a répondu : « Rien du tout, acceptez-le en cadeau. »

Déclarez-lui en souriant :

— Je refuse : c'est beaucoup trop cher.

C'est ce qu'a dit Sophie ARNOULD *quand le fermier-général La Vrillière lui fit amener un carrosse et les quatre chevaux qui allaient avec.*

*

On plaide devant vous la cause d'un de vos soupirants : « Il vous est si dévoué qu'il se jetterait à l'eau pour vous sauver. »

— Que voulez-vous, je ne me noie jamais, et il m'ennuie toujours !

(Sophie, parlant du prince d'Hénin.)

*

Un vieux barbon vous fait une cour pressante ? Soyez impitoyable. Dites-lui en riant :

— Je vous trouve très imprudent, monsieur : et si j'allais me rendre ?

Ce mot très cruel a été attribué à Sophie Arnould, à une autre jolie femme du XVIII siècle, la comtesse de Béranger (les victimes en ayant été respectivement le marquis de Malézieux, le marquis de Saint-Aulaire).*

Mais DIOGÈNE *les avait devancés. Voyant un vieillard qui parlait fort amoureusement à une jeune fille : — Ne crains-tu pas lui dit-il, qu'elle te prenne au mot ?*

Le poète et érudit Gilles MÉNAGE *nourrissait pour* Mme de SÉVIGNÉ *une passion qui ne fut jamais payée de retour.* J'ai été votre martyr, *lui écrivit-il vers la fin de leurs vies.*
Et moi, *répondit-elle,* votre vierge.
Jolie réponse, toujours bonne à faire à un vieil admirateur nostalgique.

*

Mélancolie d'honnête femme :
Tout ce que j'aime est immoral, illégal, ou fait grossir. (Maud de BELLEROCHE)

*

Des femmes vertueuses, on en trouve partout. Même au Maxim's de la grande époque...
Hugo, *le premier maître d'hôtel, avait toujours sur lui un carnet où étaient répertoriées toutes les clientes. Certains noms étaient suivis du sigle :* R.A.F.
Cela ne signifiait évidemment pas que la dame appartenait à l'aviation britannique, mais tout simplement : Rien à faire.

*

Que votre vertu, cependant, ne vous empêche pas de rêver...
Pourquoi, *demandait* S. GUITRY, une femme qu'on embrasse ferme-t-elle toujours les yeux ? *Et il répondait :*
— Pour mieux voir l'homme par qui elle aimerait être embrassée.

*
* *

Tout est pur aux pures. Tirez-vous avec naturel des situations embarrassantes.
Comédienne, vous êtes en tenue d'Ève dans votre loge, et un visiteur, entré sans frapper, bafouille un « Oh! pardon »

consterné. *C'est arrivé à* Madeleine RENAUD *après une repré-*
sentation de Occupe-toi d'Amélie.

Dites en souriant, comme elle le fit :
— Ça n'a pas d'importance : je ne vous regardais pas.

Mme ARMAN de CAILLAVET, *l'égérie d'Anatole France, fit*
preuve d'un égal sang-froid. Rencontrant, au coin d'une allée du
bois de Boulogne, un satyre complètement nu :
— Prenez garde, mon ami, vous allez vous enrhumer.

* *

Méprisez comme il se doit la boutade de WILDE, *cet ennemi*
juré du beau sexe :
Vingt ans d'aventures galantes font d'une femme une ruine.
Mais vingt ans de mariage en font quelque chose de pire encore
un édifice public.

VOUS ÊTES UNE FEMME FACILE

Les hommes chassent, les femmes pêchent. (V. HUGO)
D'accord, d'accord, la femme est un ange...
Oui, mais, comme disait FONTENELLE *à propos de* Mme *de*
Genlis : un ange comme le poulet : moins d'aile que de cuisse.

Les fleuves et les femmes se livrent à des débordements. Les
premiers en sortant de leur lit, les secondes en y entrant.
(L. CAMPION)

On la mettrait tout en haut du Mont-Blanc qu'elle serait encore
très accessible. (WILLY)

Les amis de nos amies sont nos amants. (Natalie CLIFFORD-
BARNEY)

Un amant, c'est souvent le premier, ou le dernier, venu.
(Comtesse DIANE)

A la différence de la Garde impériale :
Les femmes se rendent et ne meurent pas. (Charles de
BERNARD)

Comme disait Sophie ARNOULD *à propos de l'une d'elles :*

C'est une excellente personne qui a des préférences pour tout le monde.

Elle-même « préférait » beaucoup. V. HUGO : Le comte de l'Hôpital Saint-Mesme se proclamait admirateur de Sophie Arnould. Elle le sut. « En effet, dit-elle, il m'a admiratée. »

*
* *

Un malappris, prenant avantage de votre mauvaise réputation, vous demande publiquement : « Est-il vrai, madame, que vous aimiez les hommes ? »
C'est l'apostrophe par laquelle Napoléon accueillit, à un bal de la cour, la duchesse de FLEURY.
Comme elle, répliquez :
— Oui, quand ils sont polis.

*
* *

La facilité conserve... Ninon de LENCLOS *(morte octogénaire et qui aima jusqu'à son dernier jour) eut pour amants trois générations de Sévigné : le marquis, époux de la célèbre femme de lettres, leur fils Charles, et leur petit-fils le marquis de Grignan.*

*
* *

*Ne manquez pas, à l'instar d'*Augustine BROHAN, *sœur de Madeleine, de faire tous les matins cette prière :*
O Marie, vous qui avez conçu sans pécher, faites que je pèche sans concevoir.
En ce début du xixe *siècle où il fallait faire sans la pilule, il lui arriva pourtant de concevoir. « De qui est cet enfant ? » lui demandait une amie.* Comment le saurais-je ? *répondit-elle.* J'ai la vue si basse !
(Au siècle précédent, la GUIMARD, *danseuse célèbre, avait répondu à la même question :* Dieu seul le sait ! Quand on s'assied sur un fagot d'épines, comment savoir laquelle vous pique ?*)*
Mais laissons-là ce cas extrême. Si l'un de vos chevaliers servants vous supplie de « lui faire l'aumône d'un peu d'amour »,
*répondez-lui (c'était la formule d'*Augustine BROHAN*) :*
— Pardonnez-moi, monsieur, mais j'ai mes pauvres.

.*.
*

Vous êtes pis qu'une femme facile : une demi-mondaine.

On entend sans doute par demi-mondaine une femme qui se donne à un homme sur deux. (S. GUITRY)

Les horizontales se rencontrent dans tous les milieux ; les parallèles, jamais. (ALLAIS)

Et WILLY, *d'une courtisane en vogue qui passait pour vivre sur un pied de 500 000 francs (or) par an :*

— *Je vois : ça lui fait deux amants à 250 000. Ou mille amants à 500 francs ?*

.*.
*

« *Mais enfin, comment avez-vous pu en arriver là ?* » *demandait à* Liane de POUGY *une honnête femme apitoyée.*

— Je ne sais pas, moi, *répondit-elle...* L'ambition ?

L'épouse d'un de ses amants était venue lui faire d'amers reproches : « *Vous et vos pareilles êtes des garces !* »

— Heureusement pour vous et vos pareilles, madame, *répliqua-t-elle.* Sans cela, vos maris ne vous reviendraient jamais.

Elle devait finir par épouser le prince Ghika. Ça fait peut-être une grue de moins, fit observer FEYDEAU. *Ça ne fait pas une princesse de plus.*

VOUS ÊTES MARIÉE

Le mariage est l'aveu public d'intentions très privées, *a dit* pudiquement Ian HAY.

STENDHAL, *plus direct :* Il est beaucoup plus contre la pudeur de se mettre au lit avec un homme qu'on n'a vu que deux fois, après trois mots de latin dits à l'église, que de céder malgré soi à un homme qu'on adore depuis deux ans.

*
***

Aucune femme ne fait un mariage d'intérêt ; elles ont toutes l'habileté, avant d'épouser un millionnaire, de s'éprendre de lui (Cesare PAVESE)

*
***

Vous n'aimez pas votre mari. Par contre, vous avez un petit chien. C'était le cas de Madame RECAMIER.
— Il est insupportable, *disait-elle,* mais je le garde pour des raisons sentimentales : mon mari le déteste.

*
***

Peut-être même êtes-vous mère de famille ?...
Pendant que la femme accouche, elle tient la main de son mari. Ainsi il a moins peur, et il souffre moins. (Pierre DESPROGES)

IL VOUS TROMPE

... et pas qu'une fois. Il est du type Boni de CASTELLANE, *qui disait :* Des femmes avec qui je voudrais passer ma vie, j'en rencontre dix fois par jour.
A moins que votre bonne éducation vous en empêche, faites vôtre la réponse de COLETTE, *quand on lui demandait où était son deuxième époux Henry de J., qui plaisait beaucoup :*
— Henry ? où voulez-vous qu'il soit ? il suit sa...

*
***

Peut-être irez-vous trouver un avocat ? Dites-lui, pour résumer la situation :
— *Maître, mon mari m'a tant trompé... que* je ne suis même pas sûre d'être la mère de mes trois enfants !

(Mot de la comtesse de LAURAGAIS. *Le comte était un célèbre mauvais sujet du* XVIIIe *siècle.)*

Vous pouvez aussi aller consulter un expert psychologue : « *Mais enfin, docteur, que dois-je faire pour le retenir ?* »...

S'il vous conseille, comme c'est probable, de « *vous passionner pour les mêmes choses que votre mari* », *répondez avec accablement :*

— La seule chose qui l'intéresse dans la vie, c'est les blondes avec de gros seins.

(Sarah BERNHARDT, *parlant de son jeune mari Jacques Damala.*)

DUMAS fils *ne s'y est pas trompé, lui :*

La chaîne du mariage est si lourde qu'il faut être deux pour la porter — quelquefois trois.

Ni Sacha GUITRY : Le bonheur à deux, ça dure le temps de compter jusqu'à trois.

VOUS LE TROMPEZ

Il y a deux sortes de femmes : celles qui trompent leur mari, et celles qui disent que ce n'est pas vrai. (Maurice DONNAY)

Je connaissais une jeune femme très vertueuse. Elle a eu le malheur d'épouser un cocu. Maintenant, elle couche avec tout le monde. (S. GUITRY)

Certaines femmes aiment tellement leur mari que, pour ne pas l'user, elles prennent ceux de leurs amies. (DUMAS père)

Comme l'a si bien dit Sza-Sza GABOR, *qui, ayant été mariée sept fois, connaît la question :*

Il est presque impossible de rendre heureux son propre mari. C'est infiniment plus facile avec le mari d'une autre.

*
* *

Rassurez tout de même l'intéressé. Ne serait-ce qu'à la façon de la princesse de CONTI, *quand elle disait au prince, petit et difforme :*

— Partez tranquille pour la guerre, monsieur : je n'ai envie de vous tromper que quand je vous vois.

*
* *

Il faut dire que les maris ne font rien pour se faire aimer :
L'homme est fat. Il lui suffit d'être supporté pour se croire indispensable. (Henri de REGNIER)

Les hommes jaloux agacent les femmes, mais les hommes qui ne sont pas jaloux les exaspèrent. (F. de CROISSET)

En gros, c'est de leur faute ! Il est moins d'hommes trompés que de femmes déçues. (J. DEVAL)

On les aime bien quand même :
Quel dommage qu'on ne puisse pas avoir un amant sans tromper son mari ! (FEYDEAU)

Mais aussi, ils ne comprennent rien à la fidélité féminine !
Une femme n'aime jamais qu'un homme. Mais elle lui donne plusieurs prénoms. (Le clown CARLTON)

*
* *

Il s'agit parfois d'un rendu pour un prêté.
Si votre don Juan de mari, tout fier de ses bonnes fortunes, vous dit : « Ah ! j'en aurai fait, des cocus, dans Paris ! »...
... vous pourrez lui faire observer ironiquement :
— Tu me bats ! moi je n'en ai fait qu'un seul. (La maréchale de BOUFFLERS)

ALLAIS : Son épouse a choisi d'alléger les lourdes chaînes du mariage avec les bouées roses de l'adultère.

VOUS ÊTES VEUVE

Les autres furent mes épouses, voulez-vous être ma veuve ?...
Ces belles mains fermeront mes yeux et ouvriront mes tiroirs. *La
demande en mariage de* Sacha Guitry *vieillissant à la jeune Lana
Marconi.*

*
* *

Votre mari volage vient de mourir. Ecriez-vous, comme Mme *de*
BOUFFLERS *quand elle devint veuve :*
— Je vais enfin savoir où il passe ses nuits !

*
* *

Quand son troisième mari est mort, elle est devenue blonde de
chagrin. (O. WILDE)
Mais les plus vifs chagrins ont une fin.
On a beau pleurer très sincèrement, il y a toujours un moment où
il faut remettre de la poudre. (DUVERNOIS) *Et* ACHARD : Quelles
que soient les larmes qu'on pleure, on finit toujours par se
moucher.
Si on vous demande : « Vous êtes veuve ? »... répondez :
— Oui, pour l'instant. (J. RENARD)
Une veuve, *a dit* Carlo RIM, c'est une mariée en négatif. *Et les
négatifs, ça peut resservir.*

*
* *

Le mariage avait tout de même du bon...
Le ronflement est la musique la plus douce qu'on puisse
entendre de ce côté-ci du ciel. Toutes les veuves vous le diront.
(DUVERNOIS)

VOUS DIVORCEZ

La première question que vous posera l'avocat sera :
« *Madame, vous avez un motif ?* »
Répondez-lui simplement :
— Un motif de divorce ? Oh ! oui, maître : je suis mariée.
(Une cliente de Me Émile POLLAK.)
Ce divorce, il n'est pas sûr du tout que vous le gagniez : Tous les hommes battent leur femme : dans le peuple, c'est avec les poings, dans la bourgeoisie c'est avec les lois. (DONNAY)

*
* *

Groucho MARX, *regardant passer des petites filles qui sortent de l'école :*
— Quel spectacle émouvant ! Dire que, dans dix ans à peine, ces gamines seront divorcées et mères de famille !

VOUS N'AVEZ PLUS VINGT ANS

Vous avez vieilli doucement, bellement. Selon Paul LEAU-TAUD, *c'est le plus bel âge :* Les hommes sensibles préfèrent le soir au matin, la nuit au jour, et la beauté des femmes mûres à celle des jeunes filles.
Tant pis si les jeunes gens, insensibles, s'obstinent à préférer le matin, le jour et les jeunes filles ! La jeunesse de ce temps est absolument monstrueuse. Elle n'a pas une ombre de respect pour les cheveux teints. (O. WILDE)

*
* *

Quand vous avouez votre âge devant un cercle d'amis et que ceux-ci, poliment, se récrient, ajoutez, mutine :

— Que voulez-vous ! je suis si paresseuse que je ne fais même pas mon âge !

*Le mot est d'*Yvette GUILBERT.

D'ailleurs, votre âge, dites-le à la façon de MISTINGUETT *septuagénaire :*

— Moi ? Je suis plus près de 60 que de 50.

Un bel exemple de franchise.

⁎⁎⁎

Il n'est si belle rose qui ne devienne gratte-cul. (Vieux proverbe cité par PROUST.)

Vous êtes vraiment une vieille dame...

Habitez au tout dernier étage d'une maison sans ascenseur. Ne serait-ce que pour pouvoir dire à vos visiteurs, quand ils arrivent, tout essoufflés :

— C'est le dernier moyen qui me reste pour faire battre le cœur des hommes.

(Madeleine BROHAN, *jadis très courtisée, devenue vieille et pauvre.*)

Une autre comédienne, Jeanne GRANIER, *se félicitait d'habiter sous les combles :*

— Là, au moins, on entend soupirer les anges.

Vous qui soupirez après votre jeune temps, récitez-vous tout bas le joli quatrain de BERANGER :

> Combien je regrette
> Mon bras si dodu,
> Ma jambe bien faite
> Et le temps perdu !

*Il n'est pas exclu que l'on vous fasse, à l'ancienneté, officier de la Légion d'Honneur. Excusez-vous en disant, comme le fit l'octogénaire M*ᵐᵉ *DUSSANE :*

— Cette rosette, c'est le grain de beauté des dames de mon âge.

... SEXE CRU FORT

Vous êtes du sexe cru fort...

L'homme est un animal à chapeau mou qui attend l'autobus 27, au coin de la rue de la Glacière.

L'homme, a dit la Bible, est en exil sur cette terre. J'ajouterai . surtout dans le XIIIᵉ arrondissement. (Alexandre VIALATTE)

*

L'homme est un mammifère chevaleresque et hippophage. (Jacques PREVERT)

*

Bien sûr, sur le plan du courage, l'homme n'est pas un lion. Mais je voudrais savoir quel serait le comportement d'un lion si on lui ôtait sa crinière et qu'on la remplace par un complet-veston trois boutons. (James THURBER)

*

Les hommes sont tout d'une pièce, mais elle donne sur la cour. (Alexandre BREFFORT)

VOUS ÊTES UN JEUNE CÉLIBATAIRE

Woody ALLEN :
Elle (pâmée). — Vous êtes un amant merveilleux...
Lui. — C'est que je me suis beaucoup entraîné en solitaire.
Et aussi :
Ne dites pas du mal de la masturbation. Après tout, c'est une façon de faire l'amour avec quelqu'un qu'on aime.

Jacques FAIZANT :
L'adultère, pour être une occupation agréable, demande une telle liberté d'esprit, un égoïsme si candide et un manque de scrupules si total, qu'il ne peut raisonnablement être conseillé qu'aux célibataires.

Mais peut-être, nourri des bons principes, songez-vous plutôt au mariage ?
Ne cherchez pas à faire de l'esprit : elles ne comprennent jamais. Celles qui comprennent sont déjà mariées. (Boris VIAN)
Une bonne femme est une bonne femme, mais la meilleure des femmes n'est pas aussi bonne que pas de femme du tout. (Alexandre HARDY)

VOUS ÊTES MARIÉ

La plupart des humoristes qui ont parlé du mariage sont contre. Nombreux, *en effet,* sont les hommes qui ne supportent pas les femmes mariées — certains, même, celles qui sont mariées avec eux. (R. ROCCA)
Citons-les tout de même, ne serait-ce que pour les clouer au pilori :
Il y a des hommes qui n'ont que ce qu'ils méritent. Les autres sont célibataires. (S. GUITRY)

L'amour est un œuf frais, le mariage un œuf dur et le divorce un œuf brouillé. (Père d'OLIBAN)

Le mariage est un petit jeu de satiété. (DUVERNOIS)

En France, on fait sa première communion pour en finir avec la religion ; on passe son baccalauréat pour en finir avec les études ; on se marie pour en finir avec l'amour. (Ernest BERSOT)

On épouse une femme, on vit avec une autre, et l'on n'aime que soi. (Charles LEMESLE)

Il y a deux sortes de mariages : le mariage blanc et le mariage multicolore. Ce dernier est appelé ainsi parce que chacun des deux conjoints en voit de toutes les couleurs. (COURTELINE)

On s'étudie trois semaines, on s'aime trois mois, on se dispute trois ans, on se tolère trente ans, et les enfants recommencent. (Hippolyte TAINE)

N'oublions pas LA ROCHEFOUCAULD, *le premier en date :* Il est de bons mariages, il n'en est pas de délicieux.

Fort heureusement, il s'est trouvé un mari qui aimait sa femme, Jacques de BOURBON-BUSSET, *pour remettre les choses au point :* Il n'est pas de bons mariages, mais il en est de délicieux.

* *

Non que la cohabitation soit facile...

Quand un homme et une femme sont mariés, ils ne deviennent plus qu'un ; la première difficulté est de décider lequel. (G.-B. SHAW)

Lequel, surtout, fera les bons mots :

A un homme d'esprit, il ne faut qu'une femme de sens : c'est trop de deux esprits dans une maison. (Vicomte de BONALD)

En ménage, à quoi sert l'esprit d'une femme ? A faire passer son mari pour un sot. (A. d'HOUDETOT)

Lequel se permettra le premier bâillement :

— Vous savez bien, chère amie, que le mari et la femme ne font qu'un. Et moi, quand je suis seul, je m'ennuie. (Prince de CONTI)

Qui sera le moins attentif :

Je crois bien que je suis marié, si j'ai bonne mémoire. (T. BERNARD)

En fait : On devrait prendre des conjoints comme on prend des députés. Pour cinq ans. Après quoi le conjoint sortant essaierait de se faire réélire. (André BIRABEAU)

Fort heureusement : Aujourd'hui, personne ne se marie plus, à l'exception de quelques prêtres. (Louise de VILMORIN)

Mais, si vous vous mariez, tenez à honneur d'être un mari fidèle :

La fidélité est l'art de pratiquer l'adultère seulement par la pensée. (DECOULY)

Entre deux divorces, Sacha GUITRY, *cinq fois marié, était un mari fidèle :*

J'aime ma femme comme on aime un beau livre richement relié. Et je ne fais jamais de cornes à mes beaux livres.

Fidèle, Paul NEWMAN *(vingt-cinq ans de mariage — à Hollywood ! — sans un accroc) l'est aussi. Mais il le dit moins bien :*

Pourquoi aller chercher un hamburger dehors quand on a un steak à la maison ?

*
* *

Ou alors... reste la légalisation, en France, de la polygamie. Si vous êtes pour, dites qu'on devrait l'autoriser aux hommes et l'interdire aux femmes (dans leur cas, on dit d'ailleurs : « polyandrie »). Ce, en vertu d'un vieil adage ramené de Chine par Marcel E. GRANCHER :

Dans un service à thé, il n'y a jamais qu'une seule théière. Le nombre des tasses peut augmenter à l'infini.

ELLE VOUS TROMPE

— Ma femme, je ne saurais mieux la comparer qu'à une invention française : c'est moi qui l'ai trouvée, et ce sont les autres qui en profitent. (*Une réplique de* DUVERNOIS)

Soyez indulgent : Il naît plus d'hommes que de femmes en Europe : cela seul condamnerait les femmes à l'infidélité. (RIVAROL)

Mais n'invoquez pas Dieu sait quelle fatalité : J'ai souvent remarqué que les cocus épousaient de préférence des femmes adultères. (ALLAIS)

Essayez seulement d'évoquer votre infortune avec discrétion. Dites, par exemple : J'ai fini par m'apercevoir que je n'étais plus le seul à partager la fidélité de mon épouse. (E. LABICHE)

Mais n'allez surtout pas clamer, comme ce mari devant un tribunal : « Je suis le roi des cocus ! » *A quoi le président* ISAMBERT *répliqua :* Un peu de modestie, monsieur, Molière et Napoléon l'ont été avant vous.

Ne vous croyez pas autorisé pour autant à postuler la Légion d'Honneur.

Il y a un précédent. Le baron DUDEVANT, *mari — combien bafoué ! — de George Sand, écrivit à Napoléon III une lettre dans ce sens. Ayant énuméré ses titres divers, il ajoutait :* J'ose également invoquer, Sire, des malheurs conjugaux qui appartiennent à l'Histoire.

Comme on dit, il faut le faire !

* *

J'espère qu'en plus vous n'êtes pas jaloux :
La jalousie est un sentiment gothique, un triste reste des mœurs barbares qui ne doit pas subsister dans une âme élégante. (Anatole FRANCE)

FONTENELLE *avait mis au point une prière de circonstance :*
O mon Dieu, faites-moi la grâce de ne jamais me marier.
O mon Dieu, si je me marie, faites-moi la grâce de ne jamais être cocu.
O mon Dieu, si je suis cocu, faites-moi la grâce de ne pas en être informé.
O mon Dieu, si j'en suis informé, faites-moi la grâce de ne pas le croire.
O mon Dieu, si je le crois, faites-moi la grâce de m'en moquer.
Comme a dit plus brièvement le poète MAYNARD :
Les cornes ? Fou qui s'en fâche et sage qui s'en f...
Oui, ayez l'élégance d'en rire. Le prince de LIGNE, *rencontrant l'amant de sa femme, courut à lui en riant aux éclats :*
— Mon cher, *lui dit-il,* cette nuit je t'ai fait cocu !

Les consolations ne vous manqueront pas.

D'abord, ça prouve que votre femme plaît. Or : Il vaut mieux être plusieurs sur une bonne affaire que seul sur une mauvaise. (T. BERNARD)

Et puis : Il vaut mieux être cocu qu'aveugle. Au moins, on voit ses confrères. (APOLLINAIRE)

Il vaut *même* mieux être cocu que ministre. Ça dure plus longtemps. D'ailleurs, l'un n'empêche pas l'autre. (L. CAMPION)

Pensez aussi aux compensations :

Quand on est trahi par sa femme, on s'imagine volontiers, et bien arbitrairement, qu'on a droit à toutes les autres. (S. GUITRY)

Très beau joueur, Sacha !

Nous ne devons épouser que de très jolies femmes, si nous voulons qu'on nous en délivre.

La meilleure façon de se venger d'un homme qui vous a pris votre femme, c'est de la lui laisser.

★ ★

Vous ne pouvez guère empêcher votre femme de vous tromper si elle en a envie. Vous pouvez tout de même l'asticoter, comme faisait le feuilletonniste Adolphe d'ENNERY *avec la sienne .*

— Où vas-tu ?
— Où il me plaît.
— Soit, mais quand rentreras-tu ?
— Quand il me plaira.
— A la bonne heure, mais pas plus tard !

★ ★

Dans les cas de flagrant délit, et dans ces cas seulement, soyez sans pitié.

Rentrant chez vous à l'improviste, vous surprenez votre épouse dans les bras d'un godelureau. « Madame, s'écrie celui-ci, quand je vous disais qu'il était temps que je m'en aille ! »

Corrigez-le : — Dites au moins . « que je m'en allasse ».

Vous aurez fait une citation du grammairien BEAUZÉ. *mari trompé mais puriste inflexible.*

*
* *

Deux cas particuliers :
Les épouses de vos amis...
Deux personnes mariées peuvent fort bien s'aimer... à condition de ne pas être mariées ensemble. (S. GUITRY)
Les maris complaisants...
En général, quand la femme est facile, le mari est aisé. (CAPUS)

*
* *

En conclusion : ne vous mariez pas.
Je veux bien être trahi par les femmes, *disait encore* CAPUS. . mais pas tout le temps par la même.

*
* *

Petite annexe mélancolique. Votre femme ne vous trompe plus...
Un autre mot de d'ENNERY, *terrible celui-là. Un soir que, devenus âgés, ils étaient allés au théâtre, une de leurs éternelles disputes surgit à l'entracte.*
— Cocu ! *cria enfin l'épouse, à bout d'arguments.*
Alors d'Ennery regarda longuement le visage fané de sa vieille adversaire et répondit doucement :
— Plus maintenant.

VOUS LA TROMPEZ

Adulte ; *a dit* Léo CAMPION : qui est en âge de pratiquer l'adultère (1).

(1) L'adultère est le seul délit du Code pénal que l'on ne puisse commettre sans l'assistance d'un, ou d'une, complice.

Aurélien SCHOLL : La fidélité, c'est une forte démangeaison avec défense de se gratter.

Et Roland JACCARD : Dans un monde bien fait, on devrait pouvoir échanger une femme de 40 ans contre deux de 20

Tirez les conclusions vous-même...

***

Mais pour tromper, il faut être deux. Comment trouver « l'autre » ? comment séduire ?

Si vous voulez plaire aux femmes, dites-leur ce que vous ne voudriez pas qu'on dise à la vôtre. (J. RENARD)

Oh ! cela ne vous empêche pas d'aimer votre épouse... Depuis que j'ai une maîtresse que j'aime, je n'ai plus envie de tromper ma femme. (S. GUITRY)

Mais, de grâce ! n'allez pas mettre de la pureté là-dedans ! Je sais qu'il y a des mariages blancs, mais je ne crois pas beaucoup aux adultères blancs. (T. BERNARD)

***

La différence essentielle entre un Français et un Américain, c'est que l'Américain a plusieurs voitures et une seule femme... tandis que le Français n'a qu'une seule voiture, mais un bon nombre de femmes à sa disposition (Art BUCHWALD)

***

— *Vous trompez votre femme ?*
— Je ne la trompe pas : elle le sait. (DONNAY)

VOUS DIVORCEZ

Le mariage, c'est encore ce qu'on a trouvé de mieux pour occuper un week-end. (Sza-Sza GABOR)
Et vous venez de divorcer, malgré les nobles paroles de Woody ALLEN :
Je crois à la fidélité du mariage. On devrait s'accoupler pour la vie, comme les pigeons et les catholiques.
Woody lui aussi a d'ailleurs divorcé. Comme lui, mettez les rieurs de votre côté. Expliquez :
Ma jeune femme était vraiment trop puérile : figurez-vous que tous les matins, pendant que je prenais mon bain, elle s'amusait à me couler tous mes petits bateaux !

*
* *

Les statistiques établissent que la grande majorité des couples divorcés avaient fait une mariage d'amour. Citez Me René FLORIOT, *qui a donné la raison de ce phénomène :*
Dans le mariage, quand l'amour existe, l'habitude le tue. Et quand il n'existe pas, elle finit par le faire naître. Les mariages les plus solides sont donc, forcément, des mariages de raison.
C'est bien pour cela. *ajoutait-il,* que je suis resté célibataire '

VOUS ÊTES UN DON JUAN

Négligeant le conseil de BALZAC (Il ne faut pas courir deux lèvres à la fois), *vous avez donc dit, ou direz :*
Bien faire et les séduire. (BREFFORT)
Les bons maîtres ne vous ont pas manqué :
WILLY : Quand les yeux sont cernés, la place est prise. *Et aussi :* Un nu bien fait n'est jamais perdu. (Alain BERNARDIN, le

directeur au *Crazy Horse Saloon,* a affiché cette maxime dans son bureau.)

WILDE : La seule façon de se comporter avec une femme est de faire l'amour avec elle si elle est jolie, et avec une autre si elle ne l'est pas.

La bouche est un fruit qu'on mange à même la peau. (Malcolm de CHAZAL)

To bed or not to bed ? (NICOLE)

Le luxe des femmes est monté à de telles proportions qu'il faut être bien riche pour en avoir une à soi. Il n'y a plus moyen que d'aimer les femmes des autres. (A. KARR)

A quelque rose, chasseur est bon. (Paul ELUARD)

Le maréchal de RICHELIEU : Il y a deux sortes de femmes qu'il ne faut fréquenter sous aucun prétexte : celles qui vous aiment, et celles qui ne vous aiment pas. Entre ces deux groupes, il y a quantité de femmes charmantes.

Ah ! que la peau des femmes est douce au fond des bois ! (FLERS et CAILLAVET)

On les a dans ses bras — puis un beau jour sur les bras — et bientôt sur le dos. (S. GUITRY)

L'alcôve tue lentement. (R. ROCCA)

G.-B. SHAW : Je suis strictement végétarien, c'est pour moi une nécessité. Avec le tempéramment dont je bénéficie... si je mangeais de la viande, il n'y aurait plus dans Londres une seule femme en sécurité !

DONNAY : En amour, il n'y a que la conquête et la rupture qui soient intéressantes ; le reste n'est que du remplissage.

Le monde d'aujourd'hui est, pour les hommes, un harem · et pour les femmes, un haras. (Abel HERMANT)

Ils sont tous enragés pour entrer là d'où ils sont sortis... (James JOYCE)

Ils sont follement amusants : enfoncer une porte ouverte en croyant forcer le blindage d'un coffre-fort, voilà qui est typiquement masculin. (Geneviève de VILMORIN)

MIRANDE : J'ai une chance inouïe : toutes les femmes qui me plaisent sont jolies !

Le meilleur moment de l'amour c'est quand on monte l'escalier. (CLEMENCEAU)

*
* *

Eh! oui... BALZAC : L'occasion fait le luron.

Elle est si nombreuse, l'occasion ! Aujourd'hui toutes les femmes font de l'œil avec leurs jambes. (Jean RICHEPIN)

Et la vie est si courte ! Il ne faut pas attendre d'avoir de fausses dents pour mordre dans le fruit défendu. (J. DEVAL)

Ne croyez d'ailleurs pas que le sort des don juans soit enviable... A l'heure actuelle, les hommes ont le choix entre des gamines qui paraissent 25 ans et qui n'en ont que 16, et des dames qui paraissent 35 ans et qui en ont 60 ! (R. ROCCA)

Et ce danger possible : que, chasseur devenu gibier, vous tombiez sur une don juane qui essaie de vous prendre à l'abordage... et ne sera pas forcément jolie.

Une vieille coquette disait au maréchal de RICHELIEU : « *Ah ! je le sens,* je me damne pour vous !

— Et moi je me sauve ! *fit-il en prenant la porte.*

Une admiratrice de BARBEY d'AUREVILLY *s'employait vainement à le séduire.*

— *Enfin, maître, finit-elle par lui dire,* je ne vous inspire donc rien ?

— Si, madame, *répondit-il,* et un sentiment fort noble : l'horreur du péché.

(Deux bonnes parades, qui pourront vous servir.)

*
* *

Sans compter que le don juanisme est un art — mieux : une technique.

Ainsi le problème essentiel au « local ». Ce que l'anglomane Léo CAMPION *a baptisé le* loving-room *(moins vulgaire que le mot de l'argot français construit comme « autodrome »)*

Comme l'a écrit en effet GIRAUDOUX : La principale difficulté avec les femmes honnêtes n'est pas de les séduire ; mais de les amener dans des endroits clos. Leur vertu est faite des portes entrouvertes.

Tristan BERNARD *en a tiré les conclusions pratiques :*

Ne vous embarquez pas dans une aventure sentimentale avant d'avoir loué la garçonnière. Le fait de n'avoir pas d'appartement où aller vous paralyse inconsciemment, vous empêche de pousser votre conquête. Tandis qu'une fois qu'on a la garçonnière, on tient à l'utiliser : c'est que les frais courent ! Alors on y va hardiment. Il s'agit de l'amortir.

Autre excellent conseil, celui que donnait Louis JOUVET *à ses comédiens (il vaut pour toutes les professions) :*

Faites toujours l'amour avec des gens de votre métier : ce n'est pas qu'ils le fassent mieux que d'autres, mais ils sont libres aux mêmes heures que vous.

*
* *

Les périls qui guettent le « séducteur d'habitude » :
La maîtresse plaquée...

On ne réalise vraiment qu'une femme contient de la dynamite que le jour où on la laisse tomber. (PAGNOL)

Le mari trompé qui proteste...

— Voyons, monsieur, vous n'êtes pas raisonnable. Mettez-vous un peu à ma place...

Faites-lui la réponse du Régent Philippe d'ORLÉANS *à M. de Maubuisson :*

— Mais c'est bien ce que je fais, mon ami !

Si ce mari mécontent a choisi de vous envoyer une lettre à cheval vous sommant de rompre votre liaison avec son épouse, répondez-lui courtoisement :

Monsieur, j'ai bien reçu votre circulaire...

C'est ce que fit, en pareille circonstance, Yves MIRANDE.

*
* *

Quelques cas particuliers...
Vous êtes avocat.

Ma robe n'est pas la seule que j'enlève avec plaisir. (Mᵉ César CAMPINCHI)

Célibataire, vous avez une vieille « liaison ».

« *Pourquoi ne l'épouses-tu pas ?* » *vous fait remarquer un ami. Répondez, comme le fit* le duc de NIVERNAIS :

— *J'y ai souvent pensé, mais une chose m'arrête :* dans ce cas, où passerai-je mes soirées ?

*

Vous êtes resté garçon.
On vous demande si vous êtes marié. Reprenez la réponse que fit BRIAND *à la puritaine Mrs. Lloyd George :*
— Non, madame : je vis sur la communauté.
Un autre célibataire endurci, Me FLORIOT, *répondait, quand on lui posait la même question :*
— A quoi bon ? tous mes amis le sont.

*

Vous êtes amoureux d'une scientifique.
Recopiez le madrigal de VOLTAIRE *à* Mme *du Châtelet, qui se piquait de mathématiques :*

> Sans doute vous serez célèbre
> Par les grands calculs de l'algèbre
> Où votre esprit est absorbé.
> J'oserais m'y livrer moi-même ;
> Mais, hélas ! $A + B - C$
> N'est pas $=$ à je vous aime.

Les hommes se défient des intellectuelles, sauf bien sûr si elles sont jolies. On demandait au musicien AUBER *son avis sur les bas-bleus. Il répondit :*
— Cela dépend de ce qu'il y a dans les bas.

*

Spécial P.-D.G.
La tentation des secrétaires...
Dactylo : —Personne dont la force de frappe ne représente pas toujours pour son patron une force de dissuasion. (NOCTUEL)

LE DON JUAN
TEL QU'ON LE PARLE

Règle générale :
Je traite les soubrettes comme des duchesses et les duchesses comme des femmes de chambre. (BRUMMEL)

⁎
⁎ ⁎

Vous pouvez attaquer « à la poète » :
Comme tu étais jolie, hier soir, au téléphone ! (S. GUITRY)
Venez au jardin, je voudrais que mes roses vous voient. (Richard SHERIDAN)
ACHARD : Si les femmes aiment les diamants, c'est parce que ces pierres ressemblent à des larmes.
De lui encore : J'ai bu pour vous oublier, pour ne plus être obsédé par votre image. Hélas ! quand j'avais bu, je vous voyais deux fois.
Et aussi : Cet amour dont tu ne fais pas cas t'embellit, comme le santal parfume la hache qui le blesse.
J. RENARD : Vos gestes sont adorables. On a l'impression que vous avez des oiseaux au bout des doigts.
(*A éviter soigneusement, la poésie façon* Groucho MARX . Vos yeux brillent comme le fond de mon pantalon.)

⁎
⁎ ⁎

L'attaque « à la hussarde » :
Ninon de LENCLOS : On ne prend pas une femme par les raisonnements, on ne la prend pas par la prière, on la prend.
La Reine (Marie de Médicis) disait : « *J'aime tant Paris et tant Saint-Germain, que je voudrais avoir un pied à l'un et un pied à l'autre.* »
— Et moi, *déclara alors* BASSOMPIERRE, je voudrais être à Nanterre.
C'est à mi-chemin.

*

Si une jolie femme proteste : « *Je ne vous permets pas !* Vous m'avez pris la taille »
Défendez-vous :
— Moi, madame ? Fouillez-moi ! (V HUGO)

*

Autre cri de pudeur offensée : « *Monsieur, vous me prenez sans doute pour une autre...* »
Répliquez rondement :
— Non, madame : je vous prends pour moi. (BARBEY d'AURE-VILLY)

*

Il faut prendre les femmes comme on prend les tortues : en les mettant sur le dos. (Elemir BOURGES)

*

Vous êtes un homme à femmes de grande réputation. Au cours d'un dîner, vous restez silencieux, maussade. « *Vous n'êtes guère brillant à table* », *constate la maîtresse de maison. Expliquez-lui :*
— La table, voyez-vous, madame... ça n'est pas mon meuble !
(*Une réplique d'Abel DEVAL (père de Jacques), directeur d'un théâtre du Boulevard, et dont le surnom était :* Divan le terrible.)

*

Vous êtes ce que l'on appelle un homme direct. Abordant pour la première fois la femme convoitée : « *Je m'appelle Patrick, vous êtes libre à dîner ce soir ?* » *Puis quand elle a répondu :* « *Mon Dieu oui, pourquoi pas* »...
— Au petit déjeuner je prends du café. Et vous ? (Tony MAYER)

*

La liberté de la femme, je la connais : elle chausse du 42. (Marcel AYMÉ)

*
* *

La manière forte :
Un gentleman ne frappe pas une femme en gardant son chapeau sur la tête. (ACHARD)
Si vous battez comme plâtre l'actuelle femme de votre vie et qu'elle crie au secours...
... empressez-vous de la rassurer :
— N'aie pas peur, chérie : je suis là.
Le mot est de Lucien GUITRY, *qui avait la main lourde avec ses conquêtes.*

*

Autre amant brutal : Henry BERNSTEIN... *Mme Simone rapporte que Liane de Pougy lui adressa cette prière :*
— Ah ! si vous pouviez demander à Henry de ne plus me corriger à coups de canne mais à coups de poing, vous me rendriez un grand service.

*

Boni de CASTELLANE, *à une maîtresse de passage :*
— Mettez mes bottes à la porte. C'est un service qu'elles vous rendront plus tard.

*

Ne frappez jamais une femme, elle en prendrait vite l'habitude et cela serait très fatigant. (A. SCHOLL)

*
* *

Quelle que soit la méthode employée...
... envoyez des fleurs, cela se fait et se fera toujours

Les crocodiles vivent cent ans ; les roses, trois jours. Et pourtant on offre des roses. (Yves DAPPE)

**

Aux antipodes des cogneurs, il y a les don Juans timides, les ratés de la séduction, les professeurs Nimbus du charme viril, qui se contentent de rêver leurs conquêtes.
Les Woody ALLEN :
Entre les femmes et moi, il y a toujours une fermeture-Eclair qui se coince.

La nuit dernière, j'ai rêvé que j'étais le collant d'Ursula Andress.
Hier, les Alphonse ALLAIS :
J'ai toujours laissé la clé sur la porte dans l'espoir qu'une dame d'une grande beauté et entièrement nue entrerait chez moi, se trompant d'appartement.

VOUS ÊTES
UN DON JUAN VIEILLI

Tout a un terme en ce bas monde, à l'exception du loyer qui en a quatre.
Il avait raison, le bon MAC-NAB : *vous vieillissez. Votre garçon-nière est devenue une* vieilhommière. (WILLY)
Et. en amour surtout, rien ne se rattrape :
Quand j'étais jeune, les filles de mon âge aimaient les hommes de 40 ans. Quand j'ai eu 40 ans... et plus, elles aimaient les lycéens. On s'est croisé. Un croisement de rut. en somme. (A. BREFFORT)
Vous essayez, tout d'abord, de vieillir avec coquetterie :
— Ça ne vous ennuie pas un peu d'être grand-père ?
— Pas du tout. Ce qui m'ennuie, c'est d'être marié à une grand-mère. (Groucho MARX)
Une jolie effrontée vous pose brutalement la question : « *Au fait, quel âge avez-vous ?* »
Vous répondez, avec une lueur salace dans le regard :

— Cela, madame, dépend de vos intentions. (A. CAPUS)

Vous devenez pourtant, au fil des ans, non plus un amant debout mais un amoureux... rassis. Pour vous, de plus en plus : Il y a deux sortes de femmes : celles qui sont jeunes et jolies, et celles qui me trouvent encore bien. (S. GUITRY)

(*Espérons, pour votre honneur, que vous n'appartenez pas à la catégorie méprisable des Don Juans professionnels :* Il ne les paie pas encore, mais elles ne le paient déjà plus. (T. BERNARD)

Vous refusez l'évidence aussi longtemps que possible ; vous faites comme si. La vieillesse, *a dit* DUMAS fils, n'est pas supportable sans un idéal ou un vice. *Il vous arrive toujours de tomber amoureux. En bonne règle, d'une « jeunesse »* Depuis que je la connais, j'ai vingt ans de moins.

Un ami charitable ne manquera pas de vous souffler : De là à avoir vingt ans de plus, il n'y a qu'un pas. (FEYDEAU *à Capus.*)

Bah ! vous pourrez toujours lui réciter ce petit quatrain de XANROF, *l'auteur du* Fiacre :

Je suis plus vieux que toi. Cela fait un ménage
Qui passe du bonheur aux scènes pour un rien.
Quand je me sens aimé, je crois que j'ai ton âge.
Quand je me crois trahi, je sais que j'ai le mien.

*

Ah ! ces vieillards qui courent après la jeunesse et qui n'attrapent qu'un chaud-et-froid. (H. JEANSON)

Et puis, à force de vieillir, vous voilà vieux

Un homme d'un certain âge, c'est un homme qui, au restaurant, fait plus attention aux plats qu'aux servantes. (P. VEBER)

La vieillesse, c'est, dans la vie d'un homme, l'époque où, quand il flirte, il ne peut plus se rappeler pourquoi. (J. DEVAL)

Dans l'âge mûr, on peut encore recevoir dans ses bras une femme qui tombe, mais on ne peut plus la faire tomber soi-même. (CAPUS)

*
* *

On vous demande si « le moral est bon ». CURNONSKY *septuagénaire répondait à cette question :*

— Le moral, ça va encore. C'est plutôt... l'immoral, qui m'inquiète.

CAPUS *essayait de crâner :* MOI ? je me défends encore très bien. Je peux faire l'amour deux fois de suite : une fois l'été, une fois l'hiver.

Et BRIAND, *à une fougueuse qui le poursuivait de ses assiduités :*

— Mille regrets, madame, mais je ne pêche plus qu'à la ligne.

*
* *

Songez à la nuit de noces du vieux maréchal PÉLISSIER, *duc de Malakoff, qui venait d'épouser une dame d'honneur de l'impératrice Eugénie, M*lle *de Valéra... et que l'on entendit crier, au milieu de la nuit :* A moi mes zouaves !

Songez à la boutade de ce vaillant soldat quelques semaines plus tard : Si dans un an je n'ai pas d'enfant, je flanque tous mes aides de camp à la porte !

Le maréchal de RICHELIEU, *remarié à 80 ans, avait connu la même épreuve. Un ami lui demanda, le lendemain matin, comment il avait pu se tirer d'un pas si difficile. Il répondit :*

— Le plus difficile n'était pas d'en sortir.

Songez aussi à l'anecdote de Marcel ACHARD *sur deux de ses collègues académiciens voyant passer sur le quai Conti une jolie femme : « Je lui ferais bien l'amour ! » soupire le premier. —* Bien ? *rectifie le second.* Vous voulez dire « volontiers », mon cher collègue... *Ou à* Henri JEANSON *appelant Julien Benda :* Ce mélancolique passé défini.

J. PREVERT : Ni l'or ni la grandeur ne nous rendent taureau.

Et S. GUITRY : Elles ont un redoutable avantage sur nous : elles peuvent faire semblant, nous pas.

*
* *

Voici venu le temps de la vertu...
Les vieillards aiment à donner de bons préceptes pour se

consoler de ne plus pouvoir donner de mauvais exemples. (LA ROCHEFOUCAULD)

Jeune, on est le braconnier de la morale ; vieux, son garde-champêtre. (L. BOURLIAGUET)

Mon nom est : « cela aurait pu être ». On m'appelle aussi « trop tard », « jamais plus », « adieu ». (Dante Gabriel ROSSETTI) (1)

REPAS D'HOMMES

Les hommes ont inventé la guerre pour y être sans femmes et entre hommes. (GIRAUDOUX)

Comme, Dieu soit loué ! il n'y a pas toujours des guerres, ils sont bien forcés de se rabattre sur les repas d'hommes.

Où, loin des fragiles oreilles féminines, ils peuvent être hommes en toute quiétude. C'est humain. C'est même masculin.

Le bas-ventre est la cause que l'homme a quelque peine à se prendre pour un dieu. (NIETZCHE)

L'homme c'est l'ange plus le sexe. (Henri PICHETTE)

Entre hommes, la prétention du plus chaste bourgeois est de paraître égrillard. (BALZAC)

*
* *

A vous, donc, les propos osés :
Les collants, c'est la mort de la conversation. (Albert SIMONIN)
Les pucelages, c'est comme les porte-monnaie. Il s'en perd tous les jours... mais on n'en trouve jamais. (A. HÉBRARD)

Les bébés-éprouvette : Nés de père en cornue. *L'éprouvette elle-même :* le cornet à fistons, *ou :* la verge-fiole. (BREFFORT)

Les partouzes... BREFFORT *encore :* L'amour avec un grand tas. CAVANNA : Aimez-vous les uns (sur) les autres.

Élevant le débat, vous donnerez cette définition de PAGNOL *rapportée par Raymond Castans :* Au théâtre, une seule ques-

(1) My name is « might have been ». I am also called : « too late », « no more », « farewell ».

tion : baiseront-ils ? S'ils baisent, c'est une comédie. S'ils ne baisent pas, c'est un drame.

Vous pourrez même caser BOCCACE *et son cardinal libertin* Si sa soutane avait été de bronze, on aurait entendu battre le tocsin toute la journée.

Et vous vous taillerez un succès certain en récitant au dessert quelques quatrains polissons.

Du chevalier de BOUFFLERS, *sur Loth, ce personnage biblique qui, pris de vin, avait un peu abusé de ses filles :*

> Il but,
> Il devint tendre ;
> Et puis il fut
> Son gendre.

... aussi de Boufflers, sa propre épitaphe :

> Je suis mort, d'amour entrepris,
> Entre les jambes d'une dame,
> Tout heureux d'avoir rendu l'âme
> A l'endroit même où je la pris.

Sur les femmes très minces... Ayant cité LABICHE : — Une femme maigre, c'est comme un pantalon sans poches : on ne sait pas où mettre les mains — *vous enchaînerez sur* PONCHON

> Si les femmes étaient sans fesse,
> Qu'est-ce
> Que nous ferions de nos mains,
> Pauvres humains ?

... puis sur Louis BOUILHET :

> Qu'importe ton sein maigre, ô mon objet aimé !
> On est plus près du cœur quand la poitrine est plate.
> Et je vois, comme un merle en sa cage enfermé,
> L'Amour, entre deux os, rêvant sur une patte.

Pour terminer par cette délicate petite chose de Tristan BERNARD : L'Amazone et le Centaure :

L'Amazone passait. Sur le bord de la route,
Un Centaure « y pensait », des plus visiblement...
Lors l'Amazone, triste et qu'assaille le doute :
Est-ce à moi qu'il en veut, ou bien à ma jument ?

*
* *

Enfin si, au moment du champagne, vous avez un toast à porter et le souhaitez grivois, utilisez celui du marquis de VIEUVILLE, *ministre de Mazarin, répondant à un ambassadeur anglais qui avait levé son verre « au beau sexe des deux Hémisphères »* ·
— Et moi, je bois aux deux hémisphères du beau sexe.
A moins que vous ne vous en teniez au classique toast des hussards — la perle, le pur diamant du machisme :
— A nos chevaux, à nos femmes, et à ceux qui les montent. (1)

*
* *

N'oubliez pas de lutiner la serveuse — ni, si elle arbore une glorieuse poitrine très décolletée, de vous écrier :
— Je n'ai jamais rien vu de pareil depuis que j'ai été sevré !
(PONCHON)

*
* *

Mais, de grâce (ce ne sera pas facile dans un dîner d'hommes), proscrivez de vos propos grossièretés et scatologie.
La gaieté est une grande dame qui demande à ne pas être servie avec des mains sales. (COURTELINE)

---

(1) Je n'écris pas pour les petites filles dont on coupe le pain en tartines (Agrippa d'AUBIGNE)

L'HUMOUR ET VOUS

GAIETÉ...

L'homme est un animal inconsolable et gai, *a écrit* Jean ANOUILH. *Il donnait ainsi une définition à peu près exacte de l'humour, qui consiste, non à rire « parce que », mais à rire « malgré ».*

L'important est de rire...

La plus perdue de toutes les journées est celle où l'on n'a pas ri. (CHAMFORT)

La gravité est le bouclier des sots. (MONTESQUIEU)

Il y a trois choses vraies : Dieu, la sottise humaine, et le rire. Puisque les deux premières dépassent notre entendement, nous devons nous arranger au mieux de la troisième. (John F. KENNEDY)

PAGNOL : Il n'y a que les hommes qui rient. Le rire, c'est une chose humaine, une vertu qui n'appartient qu'aux hommes, et que Dieu, peut-être, leur a donnée pour les consoler d'être intelligents

J. RENARD : C'est ici-bas que se situe notre seule chance de rire. En effet, au Purgatoire ou en Enfer nous n'en aurons plus envie. Et au Paradis, ce ne serait pas convenable.

Et ALLAIS : Tout d'abord le jeune Saphyr versa dans les philosophies tristes, qui lui apprirent à mépriser la gaieté comme basse et peu artiste. (C'est ainsi que les culs-de-jatte mettent l'équitation au dernier rang des arts.)

Mais peut-être votre interlocuteur, ou auditoire, du moment, ne trouve-t-il pas hilarantes ces explications du rire ?... Rectifiez le tir, donnez du Pierre DAC : Le rire est à l'homme ce que la bière est à la pression.

*Et cette judicieuse observation d'*Alphonse ALLAIS :

Il faut être trois pour apprécier une bonne histoire. Un pour la raconter bien, un pour la goûter, et un pour ne pas la comprendre. Car le plaisir des deux premiers est doublé par l'incompréhension du troisième.

Concluez sur la forte parole de COMMERSON : *Les meilleures plaisanteries sont les plus longues : on finit par les comprendre*

... HUMOUR

Il en est de même pour l'humour. Commencez par tirer votre rafale de prestige :

L'humour est la politesse du désespoir (Chris MARKER)... l'anthropophagie des végétariens (PICABIA)... la seule forme autorisée du crime passionnel (Georges NEVEUX)... L'humour est un couteau sans lame auquel manque le manche (LICHTEN-BERG)... L'humour ? Un aveugle dans une chambre noire, cherchant un chapeau noir... qui ne s'y trouve pas (Ambrose BIERCE)...

Si vous sentez que cela passe au-dessus, du moins à côté, enchaînez sur des définitions plus directes. Celle de Marcel ACHARD : L'humour, c'est de savoir que tout, absolument tout, est drôle ; dès l'instant que c'est aux autres que cela arrive.

Ou, mieux encore, celle de Raymond QUENEAU : L'humour est une tentative pour décaper les grands sentiments de leur connerie.

En fait, n'en déplaise à Achard, l'humour, cela consiste surtout à rire de ses propres mésaventures.

Ayant dû se séparer de son secrétaire, DUMAS père le recommanda chaleureusement à l'un de ses amis : « C'est une nature d'élite... je réponds de lui comme de moi-même. »

Quelques jours plus tard, l'ami, très amer, vint annoncer que le parfait secrétaire était parti en lui volant sa montre.

— *Comment!* s'écria Dumas. A vous aussi?...

Dumas avait beaucoup d'humour. Alain DECAUX, *de qui je tiens cette anecdote, en a aussi. (1)*

... HUMOUR LOUFOQUE

Quid de l'humour loufoque, du comique de l'absurde. du « nonsense » anglo-saxon ?...

Il a son public, façonné en France par Dac et Blanche, leur père Allais, leur grand-père Henri Monnier, en Amérique par Mark Twain, ses fils Groucho Marx et W.-C. Fields, son petit-fils Woody Allen.

Voici, pour la soif, quelques-uns de leurs aphorismes (« aphorismes et périls », comme il se doit) :

MONNIER ·

Ce qui a perdu Napoléon, c'est l'ambition. S'il était resté simple officier d'artillerie, il serait encore sur le trône.

C'est une remarque bien digne d'attention, que les grands fleuves passent généralement au pied des grandes villes.

Que la nature est prévoyante! Elle fait pousser les pommes en Normandie, sachant que les indigènes de cette province ne boivent que du cidre.

ALLAIS :

On couche sur la paille qui est dans l'œil de son voisin et on se chauffe avec la poutre qu'on a dans le sien.

(1) Decaux préside l'Association des Amis d'Alexandre Dumas.

DAC :

Une erreur peut être vraie ou fausse, selon que celui qui l'a commise s'est trompé ou non.

Rien n'est moins sûr que l'incertain.

Il vaut mieux s'enfoncer dans la nuit qu'un clou dans la fesse gauche.

Il vaut mieux être assis que debout et vermouth qu'assis.

BLANCHE .

La prudence est la mère de tous les vices.

Une hirondelle ne fait pas le moine.

Ne faites pas à autrui ce que vous pouvez faire le jour même.

IONESCO *et sa* Cantatrice chauve :

Je peux acheter un couteau de poche pour mon frère, mais vous ne pouvez pas acheter l'Irlande pour votre grand-père.

J'aime mieux un oiseau dans un champ qu'une chaussette dans une brouette.

TOULOUSE-LAUTREC ·

La critique est Thésée... et l'art est Hippolyte.

Au petit bonheur la glane :
Il ne faut jamais remettre à demain ce qu'on peut faire à quatre mains. (Pierre PERRET)

Tout est dans tout... et la Seine à Chatou. (Rodolphe SALIS)

Il ne faut pas piler son mil avec une banane trop mûre. (A. VIALATTE)

Bien que je n'en parle pas un traître mot, je vais prendre un bain turc. (Jacques PESSIS)

L'absinthe a perdu nos pères, et perd nos fils. (Paul CARON)

Si vous avez un bâton, je vous en donnerai un. Si vous n'en avez pas, je vous le prendrai. *(Proverbe zen, cité par* Robert BENAYOUN.)

Débile ? génial ? En matière de nonsense, pour aimer il faut « être de la paroisse », avoir la foi du charbonnier. ALLAIS *l'avait, chevillée au corps :* Devant la logique j'hésite quelquefois. Mais l'impossible m'apparaît probable, à première vue.
Tant pis pour les cartésiens à la Alphonse KARR : Des cinq sens que possède l'homme, le plus précieux, bien qu'il s'en serve rarement, est un sixième ; le sens commun.

... « ARTABANISMES »

Vous pouvez aussi émailler vos propos de néologismes hardis.
Henri MONIER *y était passé maître. De même que l'on dit : « un quadragénaire » ou : « un octogénaire », il avait décidé d'appeler « vigentenaires » les jeunes garçons et filles entre vingt et trente ans, « décennaires » les enfants de dix ans et... « annuaires » les bébés d'un an :*
Chut ! ne réveillez pas mon annuaire... Dernier en calcul, le

décennaire a eu droit à une fessée... La ravissante vigentenaire a été élue Miss France...

Essayez, le truc n'est pas très connu.

*
 * *

Monier se complaisait également aux « artabanismes » ces clichés qui émaillent la conversation, et dont l'expression « fier comme Artaban » est le type même. Dites, après lui :

Il travaille comme un arrache-pied... Il en reste pantois comme le brave Crillon... Je l'attendais comme un pied ferme, mais il surgit comme un brûle-pourpoint... Ça tombait comme des gravelottes... C'est au pied du mur qu'on voit l'ours en cage...

Et, pourquoi pas ? pâle comme un toquet... vil comme un brequin *et* sale comme un sifis...

SI VOUS AVEZ CHOISI D'ÊTRE ODIEUX

A cette époque, j'avais perdu tout sens moral à la suite d'une chute de cheval.
(ALPHONSE ALLAIS)

N.-B. Les mauvais conseils que contient ce chapitre ne devront être utilisés que si vous en êtes à cette regrettable extrémité, donc décidés au pire.

Appuyez-vous sur les principes : ils finiront bien par céder (O WILDE)

Assurément, vous pensez que la conscience doit faire mener à cet homme une vie tourmentée... Hélas! la conscience a bien autre chose à faire. (Laurence STERNE)

On ne peut que se montrer indulgent pour l'homme, quand on songe à l'époque où il a été créé! (ALLAIS)

D'ailleurs, à quoi bon vous justifier?

Ne donnez jamais d'explications à quiconque. Vos véritables amis s'en passent et vos ennemis n'y croient pas (Dag HAMMAR-SKJOELD)

Si vraiment vous n'avez jamais fait pipi dans votre lavabo, alors là seulement, je vous reconnais le droit de me faire de la morale (R ROCCA)

VOTRE QUART D'HEURE
DE MISANTHROPIE

Au fait... pour penser à mal, et mal faire, est-il absolument besoin d'une perte de sens moral post-accident équestre ?
La misanthropie, cela gîte, caché, ignoré, au fond de vous. Vous n'êtes que compréhension, indulgence, bonté... Puis soudain, à la faveur d'une insomnie matinale ou d'un foie congestionné, cela surgit. Insidieusement, comme une fuite d'égout. Et cela ne sent pas bon...

*
* *

L'indifférence, l'hôtel, l'hôpital, la prison... voilà les cases de notre jeu de l'oie. (A. BLONDIN)

Il faut flatter l'intérêt ou effrayer l'amour-propre des hommes. Ce sont des singes qui ne sautent que pour des noix, ou bien la crainte d'un coup de fouet. (TALLEYRAND)

Les voleurs sont moins dangereux que les gens vertueux . ils tuent moins. (ANOUILH)

Sois fort, car si tes ennemis te manquent, tes amis ne te rateront pas. (CAPUS)

Apprends le chacal, dit un vieux proverbe bantou ; apprends le chacal, tu sauras l'homme. (A. VIALATTE)

G. BERNANOS : Je n'ai jamais pu voir dans l'homme qu'un enfant monstrueux et couvert de poils.

*
* *

CÉLINE : Ce monde n'est, je vous l'assure, qu'une immense entreprise à se foutre du monde.

R. P. BRUCKBERGER : Il pleut sur le Juste autant que sur l'Injuste... et même un peu plus, parce que, généralement, l'Injuste lui a volé son parapluie.

Si la vérité se montre toute nue, c'est depuis que le mensonge lui a volé ses vêtements. (COMMERSON)

Je n'ai jamais admiré le courage des dompteurs. Dans une cage, ils sont à l'abri des hommes. (G. B. SHAW)

De lui aussi : L'homme est le seul animal qui rougisse. C'est d'ailleurs le seul animal qui ait à rougir de quelque chose.

L'homme est le seul animal qui soit l'ami des victimes qu'il se propose de manger. (Samuel BUTLER)

SWIFT *le noir :*

Dans la vie, il faut savoir supporter les injustices, jusqu'au moment où on peut en commettre soi-même.

Ce que les hommes promettent, ils le tiennent si bien qu'ils ne le lâchent jamais.

Henry BECQUE *l'amer :*

Quand tu ouvres ta porte, c'est un ennemi qui entre.

C'est un grand repos de vivre avec les mêmes gens : on sait qu'ils vous détestent.

Le déluge n'a pas réussi : il est resté un homme.

Mark TWAIN *avait dit la même chose :* Le jour où je passerai de l'autre côté, je saurai faire jouer mon influence : je veillerai à ce que le genre humain soit noyé. Définitivement. Sans exception. Pas d'Arche de Noé cette fois-ci.

Une autre de ses imprécations : Pourquoi diable l'espèce humaine a-t-elle été créée ? Pourquoi quelque chose de plus honorable n'a-t-il pas été imaginé ?

Le bon Tristan BERNARD : Il ne faut compter que sur soi-même, et encore pas beaucoup.

Le charmant Sacha GUITRY : Un homme qui ne demande jamais de service finit par se faire la réputation de quelqu'un qui n'en rend pas.

Les gens vous demandent toujours de faire des concessions. C'est un point de vue sur un cimetière.

Surtout, le Prince des pessimistes : Jules RENARD...

Dans la vie, on n'a besoin que de deux amis et d'un ennemi : juste ce qu'il faut pour se battre en duel.

Je sais nager juste assez pour m'empêcher de sauver les autres.

Il y a de la place au soleil pour tout le monde. Surtout en été, quand tout le monde veut rester à l'ombre.

Les absents ont toujours tort... de revenir.

Que faire, alors ?... La vie, c'est faire semblant de ne pas être

mort. (Jacques DUTRONC)... La vie mène à tout à condition d en sortir. *C'est encore* RENARD *qui a dit cela. Mais il a dit aussi :*
J'ai eu plusieurs fois envie de me noyer. Et chaque fois je me suis contenté de pêcher à la ligne.

*   *
*

Défiez-vous donc des misanthropes.
... Et méfiez-vous des gens trop gentils :
Aimable souvent est sable mouvant. (Robert DESNOS)

CULTIVEZ LA MISOGYNIE

C'est le chapitre le plus déplaisant de ce livre. Non certes pour les femmes ; elles y trouveront des éléments de défense : « *Voyez comment* ils *sont !* comment ils *osent nous traiter...* » *Mais pour les hommes, qui, sincèrement choqués, refuseront d'avaliser cet antiféminisme au vitriol.*
Inutile de leur expliquer que, selon le mot de Sacha GUITRY *(si connu qu'il a cessé de lui appartenir pour tomber dans le domaine public), le misogyne est* contre les femmes... *oui, mais :* tout contre. (Il faut beaucoup aimer les femmes pour avoir le droit d'en dire du mal, *a-t-il dit aussi.*)
Léo CAMPION *est venu en renfort :*
Le misogyne adore les femmes. Comme il les adore, il les pratique. Comme il les pratique, il les connaît. Et c'est parce qu'il les connaît qu'il est misogyne.
Nous parlons bien entendu des misogynes de bon aloi. Pas des machistes, ces techniciens de la muflerie et honte de leur sexe. qui vous feraient regretter la suppression de la peine capitale.

*   *
*

Feu à volonté, donc !
Procédons graduellement. Voici quelques échantillons de...

...misogynie simple

Ou les femmes ne pensent à rien, ou elles pensent à autre chose. (DUMAS fils)

Le sac à main des femmes est une véritable boîte à outils, comme en trimballent les plombiers. Et, toute la journée, dès qu'elles ont un moment, elles réparent. (Jean CAU)

Les femmes ont tous les défauts : elles sont autoritaires, dépensières, sans culture. Et le pire de tous : elles sont jolies. (P. MORAND)

L'homme qui a réussi, c'est celui qui peut gagner plus que sa femme dépense. La femme qui a réussi, c'est celle qui est arrivée à trouver un tel mari. (Y. MIRANDE)

Il y a trois choses qu'une femme est capable de réaliser avec rien : un chapeau, une salade et une scène de ménage. (Mark TWAIN)

La femme a la passion du calcul : elle divise son âge par deux, double le prix de ses robes, triple les appointements de son mari et ajoute toujours cinq ans à l'âge de sa meilleure amie. (Marcel ACHARD)

Les femmes commencent par vous aimer ; puis brusquement, sans motif, elles ne vous aiment plus. Elles vous disent alors « Comme tu as changé ! » (Henry de JOUVENEL)

« Ce que j'aime avant tout, c'est la vérité », me dit-elle. Et, ayant dit, elle se mit du rouge. (Francis de CROISSET)

On a remarqué que de tous les animaux, les femmes, les mouches et les chats sont ceux qui passent le plus de temps à leur toilette. (Charles NODIER)

La femme aime naturellement la contradiction, la salade vinaigrée, les boissons gazeuses, le gibier faisandé, les fruits verts, les mauvais sujets. (Edmond et Jules de GONCOURT)

On n'est plus fort que la femme qu'à condition d'être plus femme qu'elle. (Claude LARCHER)

Les femmes comprennent tout. A l'exception de leur mari (Gilbert Keith CHESTERTON)

Les femmes sont de deux sortes : celles qui commandent et celles qui n'obéissent pas. (COURTELINE)

Heureux le mari dont la femme laisse croire à ses amis qu'il commande chez lui ! (Jean DELACOUR)

Pourquoi perdre son temps à vouloir contredire son épouse ? Il est beaucoup plus simple d'attendre qu'elle ait changé d'avis. (J. ANOUILH)

Pendant le siège de Paris, toutes les femmes ont mangé du chien. On pensait que cette nourriture leur inculquerait des principes de fidélité. Pas du tout. Elles ont exigé des colliers. (A. SCHOLL)

James THURBER, *à une femme qui avait un peu trop soif d'égards :* Vous faites du piédestalisme.

Étienne REY :

S'il y a encore des vierges, c'est qu'il faut bien, pour une femme, commencer par là.

Jules RENARD :

Il n'y a malheureusement pas de remède de bonne femme contre les mauvaises.

Quand les femmes montrent leurs seins, elles croient qu'elles offrent leur cœur.

Une femme n'a que l'importance d'un nid entre deux branches.

Sacha GUITRY :

Leur sommeil est de beaucoup ce qu'elles ont de plus profond.

Je conviendrais volontiers qu'elles nous sont supérieures si elles cessaient de se prétendre nos égales.

Il y a des femmes qui se jettent à votre cou comme elles se lanceraient à la tête d'un cheval : pour vous faire croire que vous êtes emballé.

Une femme sur les genoux avec laquelle on n'est plus d'accord, c'est lourd.

Oscar WILDE :

Méfiez-vous d'une femme qui avoue son âge. Si elle dit cela, elle dira n'importe quoi.

Aussi longtemps qu'une femme peut paraître dix ans de moins que sa fille, elle est parfaitement satisfaite.

L'histoire de la femme est celle de la pire forme de tyrannie que le monde ait jamais connue : la tyrannie du faible sur le fort. C'est la seule tyrannie qui dure.

(On sait comment Wilde avait, personnellement, échappé à la tyrannie féminine.)

On leur reproche tout particulièrement d'être bavardes :
Le silence est la seule chose en or que les femmes détestent.
(P. DANINOS)

On peut avoir le dernier mot avec une femme. A condition que ce
mot soit oui. (MUSSET)

Les femmes parlent jusqu'à ce qu'elles aient quelque chose à
dire. (S. GUITRY)

Dieu a fait l'homme avant la femme pour lui permettre de placer
quelques mots. (J. RENARD)

*(Chœur des lectrices : « Une honte ! On veut nous condamner à
un « motus vivendi ».)*

A vous le dernier, Mr. W. C. FIELDS :
Les femmes me font autant d'effet que les éléphants : j'aime à
les regarder, mais je n'en voudrais pas à la maison.

...misogynie aggravée

*Cette fois, il ne s'agit plus de plomb à moineaux mais de
chevrotines...*

Il n'y a guère que quatre siècles (depuis le concile de Trente)
que la femme a une âme. (Léo CAMPION)

Les femmes ne suivent pas les mauvais conseils, elles les
précèdent. (Abel HERMANT)

Chattes, grenouilles, dragonnes, vaches sacrées... Les femmes
sont rarement humaines. Elles appartiennent au temps où les
arbres parlaient. (Roger RABINIAUX)

L'homme a des amis. La femme n'a que des complices.
(PIRON)

DUMAS fils : J'ai fini par comprendre pourquoi il y avait des
hommes : c'est pour empêcher les femmes de s'assassiner.

Les curés sont consolés de ne pas être mariés quand ils
entendent les femmes se confesser. (Armand SALACROU)

Donner à une femme du raisonnement, des idées, de l'esprit,
c'est mettre un couteau dans la main d'un enfant. (TAINE)

L'homme est le seul mâle qui batte sa femelle, ce qui prouve
combien les femmes peuvent se montrer désagréables. (COUR-
TELINE)

Quel besoin de se venger d'une femme ? La nature s'en charge, il n'y a qu'à attendre. (A. SCHOLL)

N'insultez jamais une femme qui tombe. Attendez qu'elle se relève. (Gabriel TIMMORY)

P. LÉAUTAUD : Chaque fois qu'une maîtresse me quitte, j'adopte un chat de gouttière. Une bête s'en va, une autre arrive

D'un grand homme, après sa mort, il ne reste rien ; ou qui pis est, sa veuve. (P.J. TOULET)

Certaines femmes sont aussi frigides qu'un casier à bouteilles (René LEFÈVRE)

Définition du mot belladona, *par* Ambrose BIERCE : En italien, une jolie femme ; en anglais, un poison mortel. Exemple frappant de l'identité essentielle des deux langues.

Et sa définition du mot jarretière : Ruban élastique destiné à empêcher une femme de sortir de ses bas et de désoler le pays.

Quand j'aurai les trois-quarts du corps dans la tombe, je dirai ce que je pense des femmes. Puis je rabattrai vivement sur moi la dalle du caveau. (TOLSTOÏ)

Le mot le plus méchant est, forcément, de Jules RENARD .
Si jamais une femme me fait mourir, ce sera de rire

Stop ! arrêtez la boucherie.

... mufleries

Une muflerie, c'est de la misogynie en action, atteignant de plein fouet l'intéressée... ou quelqu'un qui le lui rapportera.

A une dame d'un âge certain qui vous prévient, menaçante :
« *Méfiez-vous, je suis rusée »... répliquez, comme le fit* GRIMM :

— Ah ! madame, c'est simplement un « r » que vous vous donnez.

Autre mauvais exemple, celui de VOLTAIRE.

« *Comment ! est-ce que vous songeriez encore à ces petits coquins ? » minaudait Mme de Villeneuve, beauté mûre, désignant sa gorge fort découverte...*

— Petits coquins, madame ? Ah ! dites : de grands pendards.

Jean GALTIER-BOISSIÈRE, *à une inconnue, belle et vulgaire,*
qui lui lançait : »Quand vous aurez fini de me considérer! »...
Avec un mépris écrasant :
— Je vous regarde, madame. Mais je ne vous considère pas.

*

FORAIN, *de Sarah Bernhardt :*
— Elle ne change pas : toujours aussi vieille.

*

RIP, *d'une vieille comédienne qui s'entêtait à jouer les jeunes*
premières dans les opérettes d'Offenbach :
Madame l'Archi-Caduque.

*

D'une grande amoureuse sur le retour, dites, après WILLY :
— Elle promet toujours, mais sa gorge ne tient jamais.
... avec FORAIN, d'une femme à la beauté jadis sculpturale
mais qui s'est empâtée :
— Ce n'est plus une statue... c'est un groupe.
Dans le même registre... De Henri JEANSON, à propos d'une
dame mariée, aux formes opulentes, qui vient de prendre un
amant :
— Bah! quand il y en a pour deux, il y en a pour trois!
Mais le surnom le plus atroce a été donné par WILLY à la
grande (et grosse) cantatrice Félia Litvine :
Tanagra-double. *(!)*

**

En conclusion...
Soyez un misogyne lucide :
C'est nous qui faisons des femmes ce qu'elles valent et voilà
pourquoi elles ne valent rien. (MIRABEAU)
... lucide, mais galant ·

Gabriel DOMERGUE : Il ne faut jamais jeter la pierre à une femme. Ou alors, des pierres précieuses.

*
* *

Il peut arriver qu'une femme, outrée de vos propos, vous lance :
« *Si vous étiez mon mari, je vous servirais une tasse de thé empoisonné ! »...*
Répliquez : Si vous étiez ma femme, madame, je le boirais.
(Dialogue entre une dame député travailliste et Sir Winston CHURCHILL *à la Chambre des Communes.)*

SOYEZ INSOCIABLE

Oscar WILDE : Pourquoi être simplement assommant, quand, a 'ec un petit effort, vous pourriez être insupportable ?
Robert ESCARPIT : *Somme toute, vous êtes un rosier qui a ses fleurs en dedans et ses épines au-dehors.*

Comment être un ours

Pestez contre tout. *Contre le téléphone :*
— On te sonne, et tu y vas !
(L'une des indignations du peintre DEGAS.)
... contre les restaurants chers
Le vieux peintre Albert MARQUET, *à Jean-Gabriel Domergue qui lui avait offert chez Maxim's un repas au caviar :*
— Leurs lentilles, elles avaient un sacré goût de poisson !

.

Refusez les anniversaires.
Le philosophe Henri BERGSON *en avait horreur. Le jour de son 80ᵉ...* « *Vous n'avez pas 80 ans, maître, mais quatre fois 20 ans !* »
— Pourquoi pas vingt fois 4 ans ? *rugit-il.*

Quant à l'octogénaire Paul LÉAUTAUD... *il refusa sa porte aux amis venus le complimenter.*

— Le premier qui me parle de ces 80 ans, *leur cria-t-il,* je ne lui parle plus de ma vie. Celui qui m'apportera un gâteau le recevra sur la figure !

*

La franchise paie toujours... ou tout au moins peut vous éviter de payer.

Vous avez invité un ami au restaurant. Le repas terminé, demandez l'addition, tirez un crayon de votre poche, divisez en deux le total et payez uniquement votre part.

Expliquez alors à votre ami, avec une moue navrée :

— Excusez-moi : je suis avare.

André GIDE *a fait le coup à un jeune journaliste qu'il avait convié à un déjeuner-interview.*

*

Quand un groom ou un bagagiste d'hôtel vous tend la main, espérant un pourboire, contemplez cette main avec attention puis dites, de votre voix la plus chaleureuse :

— Félicitations, mon ami, vous avez une très belle ligne de vie.

C'est le truc qu'utilisait COURTELINE, *homme extrêmement économe.*

*

Vous êtes écrivain, et un journaliste souhaite vous interroger sur tel ou tel sujet...

... envoyez-lui, soigneusement recopiée, la circulaire par laquelle COURTELINE — *toujours lui !* — *répondait à toute demande d'interview :*

Cabinet de G. Courteline. Paris, le...

Centralisation des interviews

Monsieur et Cher confrère,

En réponse à votre lettre du...

par laquelle vous voulez bien me demander mon avis à propos de...

J'ai l'honneur de vous informer que je m'en fous complètement.

Dans l'espoir que la présente vous trouvera de même, je vous prie d'agréer, Monsieur et Cher confrère, l'assurance de mes sentiments les plus dévoués.

Pour M. G. Courteline,

Le Centralisateur général.

Non, socialement, il n'y avait rien à attendre de Courteline.

*

Mais ni vous ni Courteline n'arriverez jamais à être aussi insociables que les grands comiques de Hollywood (vous n'en auriez d'ailleurs pas les moyens).

Dans la ville de Harpo MARX *(des quatre frères, le muet faunesque), la sonnette de la porte d'entrée déclenchait une bande sonore :* Welcome ! please come in *(« Bienvenue ! veuillez entrer ») disait une douce voix de femme. Le visiteur entrait et, comme la porte donnait directement, de plain-pied, sur la piscine, il se retrouvait dans l'eau jusqu'aux épaules.*

Son voisin W. C. FIELDS *était moins accueillant encore. Il avait muni ses domestiques de revolvers, avec consigne de tirer à vue sur tout visiteur inattendu. Il leur recommandait seulement :* Soyez humains, ne les tuez pas, visez seulement la colonne vertébrale.

L'art de choquer

Essayez de réagir contre notre époque où — dixit Henri JEANSON — l'irrespect se perd.

Quand j'entends les mots « moralité publique », *ajoutait-il,* j'ai envie de montrer mon derrière.

Bafouez allègrement ces valeurs établies que sont :

l'honneur

On nous dit : « Il ne faut pas frapper un ennemi à terre. » Bon. Mais alors, quand ?... On nous dit : « Il ne faut pas dormir avec la femme de ses amis. » Bon. Mais alors, avec qui ? (Lucien GUITRY)

... le travail

Mieux vaut tard chez Régine que tôt à l'usine. (Pierre PERRET)

... la solidarité

Ça vous concerne plus que moi, comme disait le gentleman du bon côté du mur au moment où le taureau furieux chargeait dans le chemin.

... le sens des responsabilités

Ce sera plus agréable pour tout le monde, comme disait la petite fille qui avait mis le feu à son école.
(Charles DICKENS. *Deux aphorismes de Sam Weller le sentencieux valet de Mr. Pickwick.*)

... les personnes âgées

A partir de quel âge faut-il tuer les vieillards ? *(*Roland DORGE-LÈS, *jeune.)*

... les pauvres

On a beau ne rien leur donner, ces drôles-là demandent toujours. (CHAMFORT)
La faim justifie les classes moyennes. (O. WILDE)
Les pauvres devraient se réjouir de leur excellent estomac au lieu de se plaindre, quand il y a tant de millionnaires gastralgiques. (J. ANOUILH)
La propreté c'est le luxe des pauvres. Soyez sales. (PICABIA)
Le coup de pied au cul, c'est l'électro-choc du pauvre. (Jean LABORDE)

Ignorez la charité chrétienne...

... à l'instar de COURTELINE :

Je ne connais pas de spectacle plus sain que celui d'un monsieur recevant de main de maître une beigne qu'il avait cherchée.

Et : Il ne faut jamais gifler un sourd. Il perd la moitié du plaisir : il sent votre gifle, mais il ne l'entend pas.

... de Tristan BERNARD :

Il était à la fois aveugle et paralytique, et ne trouvait aucun avantage à la combinaison de ces deux infirmités.

... de Raoul PONCHON :

Si les muets pouvaient parler, ils gueuleraient comme des sourds.

*
* *

Passant du particulier au général, concluez :

Il vaut mieux être beau que bon. Mais il vaut encore mieux être bon que laid. (O. WILDE)

Et, de Jules RENARD : Je ne me suis pas lavé les mains depuis Ponce-Pilate

SOYEZ INSOLENT

Si votre gabarit physique, ou votre connaissance des arts martiaux, vous le permettent, ayez l'insolence naturelle. Tout au moins ne « tendez l'autre joue » qu'en cas d'absolue nécessité. Dans la vie, il faut en avoir où je pense. Et de préférence les siennes. (Louis JOUVET)

*
* *

Deux leçons de français, à donner à qui les mérite.
— *Je vais vous dire ma façon de penser...*
— Épargnez-moi votre façon, et dites-moi votre pensée.
— *Je vous écrirai demain sans faute.*
— Mais non, ne vous gênez pas : écrivez-moi comme à votre ordinaire.
Deux flèches de RIVAROL ; *la première, à Sieyès ; la seconde à un gentilhomme qui était fâché avec la grammaire.*
Et une troisième, du même

C'est un terrible avantage de n'avoir rien fait, mais il ne faut pas en abuser.

*

Vous venez d'avoir un accrochage verbal avec un monsieur. A ses traditionnelles paroles d'excuse : « Mes mots ont dépassé ma pensée *», répliquez :*
— Ils n'ont pas dû aller bien loin. *(*RIVAROL *toujours.)*

*

A qui vous dit, imprudemment : « Je vous donne ma parole d'honneur *»...*
— Si vous me la donnez, c'est qu'elle ne vaut pas grand-chose. (G. ELGOZY)
(Henri JEANSON *préférait répondre :* — Soyons sérieux : parions plutôt cent sous.*)*

*

Coupez court à une diatribe véhémente, excessive, par la dédaigneuse et célèbre petite phrase :
— Tout ce qui est exagéré est insignifiant.
(Couramment attribuée à Talleyrand, parfois à Bismarck, elle est de l'écrivain licencieux PIGAULT-LEBRUN.*)*

*

A un interlocuteur remarquablement mal informé :
— Vous êtes, monsieur, d'une ignorance encyclopédique.
(Jean JAURÈS, *apostrophant à la Chambre M. de Selves, ce ministre des Affaires Étrangères que l'on appelait : «* le ministre étranger aux Affaires *».)*
Autre encyclopédiste du même tonneau, cette comédienne qui tomba des nues quand Maurice DONNAY *lui apprit que la terre tournait autour du soleil. «* Tu rigoles ! *» s'exclama-t-elle. Et, précise Donnay... elle habite rue Galilée !*
Avez-vous remarqué les progrès que fait l'ignorance ? deman-

dait Tristan BERNARD. *Qui n'a entendu, au hasard des conversations, citer « le Trompette » comme l'un des tableaux de Géricault, ou évoquer « Madeleine, l'émouvante héroïne de Proust » ?*

*

Pour ridiculiser les pédants qui utilisent dans la conversation les pluriels latins... ALLAIS *demandait, s'il s'agissait d'une pédante :* A propos, madame, comment vont vos gigoli ? *Quant à* Guy des CARS... *Dans un repas d'hommes, désignant la porte des lavabos :* Comme disait le maréchal Lyautey, je vais faire pipus sur les cacti. *A moins qu'il ne commande à un barman :* Un martinus ! Non, pas « martini » : un seul me suffit !

Un interlocuteur autoritaire vous somme de répondre par oui ou par non à la question qu'il vient de vous poser : « Soyez net ! Il n'existe pas de question à laquelle on ne puisse répondre par oui ou par non... »

Faites-lui la malicieuse réponse dont le Bâtonnier André TOU-LOUSE gratifia un président de tribunal qui exprimait la même exigence :

— *Me permettez-vous, avec tout le respect que j'ai pour vous, de vous en poser une, à laquelle je crains qu'il ne vous soit impossible de répondre par oui ou par non ?... Cette question, la voici :* quand vous êtes saoul, est-ce que vous battez votre femme ?

*

A un bavard auto-satisfait :
— Quand vous aurez fini de montrer votre « je » !
Au même, qui se prétend « fils de ses œuvres » :
— Autant dire : né de père inconnu !
(Deux répliques de Carlo RIM.*)*

*

Vous êtes invité à un dîner. En cours de soirée, ne dites pas à la maîtresse de maison :
— Si je bâille, ne croyez surtout pas que c'est parce que je suis

mal élevé : c'est simplement parce que je m'ennuie. (Francis BLANCHE)

Et gardez-vous de déclarer en prenant congé :
J'ai passé une excellente soirée... mais ce n'était pas celle-ci. (Groucho MARX)

*

Vous êtes très, très mince. Croyant vous faire plaisir, un quidam vous dit : « Est-ce vrai que les gens maigres ont de l'esprit ? »
Répondez-lui :
— Oui, mon gros !
(Marguerite MORENO)

*

A un monsieur aussi fat que laid qui dit devant vous .« Moi, les femmes m'ont toujours réussi »...
— Oui, à l'exception de madame votre mère.
(C'est un des mots avec lesquels Augustine BROHAN *mouchait les bellâtres.)*

*

Vous tenez à mortifier un comédien (ou écrivain) connu (mais moins toutefois que son fils) Utilisez la formule du jeune Henri JEANSON. *Il se présenta en ces termes à Lucien Guitry, qu'il venait interviewer :*
— *Bonjour.* Je suis bien chez monsieur Sacha Guitry père ?

*

Amant d'une dame, vous êtes surpris dans sa chambre par le mari, qui menace de vous jeter par la fenêtre... Ripostez :
— Pourquoi pas ? Je peux bien descendre par où je suis monté si souvent.
LA FONTAINE à *M. de la Sablière.)*

*

Le comte de Charolais, ayant surpris M. de BRISSAC *chez sa maîtresse, lui dit :* « *Sortez !* »
   M. de Brissac lui rétorqua :
   — Monseigneur, vos ancêtres auraient dit : « Sortons ! »
   Ce sera bien le diable si vous ne pouvez pas adapter cette altière réplique à une circonstance plus banale de votre existence. Par exemple, si le barman d'un bistrot où vous avez une ardoise vous intime l'ordre de vider les lieux.

*

Il existe des voleurs de bons mots. Le peintre James WHIS-TLER *était de ceux-là. (On prétendait qu'il faisait tous les soirs le tour des clubs, et demandait :* Est-ce qu'on a laissé un mot pour moi ?
   — *J'aimerais l'avoir dit !* s'écriait-il *après une boutade de* WILDE.
   Alors celui-ci :
   — Rassurez-vous, James : vous le direz.

*

A un interlocuteur qui proteste : « *Je suis un galant homme* »...
   ... *Assénez :* Un de ces galants hommes qui font au féminin : femme galante. (Mᵉ Henry TORRES, *à un témoin douteux.*)
   A un jeune provincial frais débarqué qui claironne : « *Je suis prêt à me battre, mes malles sont pleines de gifles* » :
   — Ce sont vos économies ? (Aurélien SCHOLL)

*

Un subordonné, qui vient d'être sanctionné pour faute grave, le prend de haut : « *Enfin, que m'est-il reproché ? D'être une fripouille ou d'être un imbécile ?* »...
   — Vous savez, on peut cumuler.
   (CLEMENCEAU, *ministre de l'Intérieur, à l'un de ses préfets.*)

*

Vous êtes, dans votre profession, un homme « arrivé ». Un de vos jeunes confrères vous croise sans s'arrêter, se contentant de vous lancer, désinvolte : « Mes devoirs... »
Toisez-le, et laissez tomber :
— Mes leçons.
(Mot de Mᵉ de MORO-GIAFFERI, à un stagiaire du barreau.)

*

Votre patron, un tyran détesté, vous dit : « Soyez patient : je suis vieux et malade, bientôt vous pourrez venir danser sur ma tombe »...
Répliquez :
— Pas de danger : j'ai horreur de faire la queue.
C'est ce qu'a répondu au magnat hollywoodien Sam GOLDWYN un de ses collaborateurs.

*
* *

Deux insolents qui vous inspireront utilement si vous exercez la profession de comédien :
Félix GALIPAUX, célèbre acteur comique de la Belle Époque.
— C'est curieux, lui disait un auteur, vous si drôle à la ville vous êtes sinistre dans ma pièce.
— C'est qu'à la ville le texte est de moi.
Le grand FREDERICK-LEMAITRE...
Jouant un mélo au théâtre de l'Ambigu, il avait insulté un public houleux, le traitant de ramassis d'imbéciles. Le directeur exigea qu'il fît des excuses publiques. Il s'avança jusqu'à l'avant-scène, et proféra ces mots d'une voix claire :
— Mesdames et messieurs, je vous ai dit que vous étiez des imbéciles, c'est vrai. Je vous fais mes excuses, j'ai tort.

Et, si vous êtes critique de théâtre...
Un auteur est venu se plaindre amèrement : « Vous ne parlez jamais de mes pièces. Pourquoi ? »
Répondez : — C'est parce que je n'arriverai jamais à écrire tout le bien que vous pensez de vous. (Jean-Jacques GAUTIER)

* *

Enfin si, pour expliquer des activités sordides, un quidam vous déclare : « Il faut bien que je vive »...
Répondez-lui froidement :
— Je n'en vois pas la nécessité.
(Le comte d'ARGENSON, *ministre de la Police, à l'abbé Desfontaines, écrivain besogneux, auteur de libelles anonymes. Ce mot a été souvent attribué, à tort, à Talleyrand, ou à Clemenceau.)*

* *

Le laconisme dans l'insolence.
Quand un interlocuteur profère contre vous une menace conditionnelle : « Si je vous rencontre à nouveau (ou : si je vous ai un jour sous mes ordres), je... »
Répondez simplement :
— Si.
(La réponse de LYSANDRE, *chef des Lacédémoniens, au général perse qui lui avait fait porter cette sommation : « Si j'entre dans la Grèce, je mettrai tout à feu et à sang. »*

* *

Insolences particulièrement agréables à distiller, celles qui se parent des traits de la courtoisie. La politesse, *disait* BARBEY d'AUREVILLY, est le meilleur bâton de longueur que l'on ait trouvé pour écarter les imbéciles.
Le vaudevilliste Yves MIRANDE *y était passé maître.*
Certain jour, comme il venait de traverser un passage clouté alors que le feu était au rouge, il se fit réprimander par un gardien de la paix. Il le prit de haut. Leur dialogue s'envenima. Mirande termina la discussion en disant :
— Et puis après tout, monsieur l'agent, je vous emmerde !
L'agent lui dressa contravention pour « outrage à représentant de la force publique dans l'exercice de ses fonctions ». Et son rapport atterrit sur le bureau du préfet de Police... qui était une relation mondaine de Mirande.

Le préfet convoqua le vaudevilliste... pardon : il l'invita courtoisement à « passer boire un verre ».

— Savez-vous, mon cher ami, lui dit-il, que vous avez insulté un de mes hommes, un honorable père de famille...

— Mais pas du tout ! protesta Mirande. Il s'agit d'un ridicule malentendu. Je vais vous expliquer, monsieur le Préfet : en fait, comme ma conversation, avec monsieur l'agent, durait depuis un certain temps, j'ai craint de l'importuner. Alors je lui ai dit : « Je vous emmerde » — sous-entendu : avec mes discours. C'est-à-dire : Je vous ennuie, j'abuse de vos instants...

Mirande jeta alors un coup d'œil à sa montre :

— Oh ! déjà midi... Mais vous aussi, monsieur le Préfet, je vous emmerde ! Au-revoir, monsieur le Préfet, mes respects.

.*.

SAINT-SIMON *a donné cette définition admirable ·* La Cour n'est qu'une cascade de mépris.

La société d'aujourd'hui aussi.

Ne prodiguez pas trop le vôtre tout de même : Il ne faut dépenser le mépris qu'avec une grande économie à cause du grand nombre de nécessiteux. (CHATEAUBRIAND)

.*.

Rien ne vous empêchera, par le biais d'une insolence, de glisser une de ces fameuses « quatre vérités » qui ne sont jamais bonnes à dire.

A vos risques et périls :

Donne un cheval à celui qui dit la vérité : il en aura besoin pour s'enfuir.

(Proverbe afghan cité par Jef KESSEL)

AYEZ LE MOT FÉROCE

L'insolence est toujours une réplique ; comme une balle coupée au tennis. La médisance, cela se joue seul. La cible est absente. On n'en est que plus à l'aise...

D'un personnage que vous estimez médiocrement :

C'est un homme extrêmement modeste... et qui a toutes les raisons de l'être.

(W. CHURCHILL, *parlant de Mr. Clement Attlee.*)

D'un individu douteux :

Il respire l'honnêteté. Il a seulement le souffle un peu court.
(CAPUS)

D'un pédant omniscient :

Il sait tout, mais rien d'autre.

(CLEMENCEAU, *parlant de Poincaré.*)

A propos d'un poète prétentieux :

Il ne faut jamais poéter plus haut que son luth. (WILLY)

D'un romancier qui a épousé une romancière de talent médiocre :

Il cherchait une âme-sœur, il n'a trouvé qu'un confrère. (*Encore* WILLY)

On vous demande ce que vous pensez d'un discours d'après-banquet...

— Excellent. Il y avait de la flamme et de la pompe. Le remède à côté du mal. (*Toujours* WILLY)

D'un mauvais comédien :

C'est un cabot. Et un cabot qui aboie faux. (C. RIM)

Sortant d'une pièce de théâtre, à propos d'une scène à deux acteurs :

— Le seul ennui, c'est que chacun d'eux donnait la réplique à un ringard. (FEYDEAU)

D'une chanteuse :

Elle a eu la voix prise dans une porte. (J. RENARD)

D'un mari notoirement trompé :

Il n'est bon qu'à être cocu. cet homme-là... et encore, il faut que sa femme l'aide ! (CAPUS)

Si l'on s'étonne devant vous qu'une dame ait, brusquement, voulu revoir son mari, de qui elle était séparée depuis cinq ans..

— Vous verrez que c'est une envie de femme enceinte !

(Sophie Arnould, *parlant de Mme du Châtelet.*)

Si un quidam vous confie : « Mon petit garçon est étonnant toujours dans les jupes de sa mère »...

— Il s'y fera des relations. (CAPUS)

Sa mère faisait des ménages. Elle, elle les défait. (FORAIN)

A propos d'une rivière de diamants descendant très au-dessous de la taille de sa propriétaire, une dame richement entretenue :

— Voilà une rivière qui remonte à sa source. (WILLY)

⁎
⁎

Peut-être avez-vous, pour être aussi méchant, des circonstances atténuantes ?

Henry BECQUE : On m'accuse d'avoir la dent dure. C'est celle qui me manque sur le devant et qu' « ils » m'ont cassée à coups de pierres.

En tout cas, tâchez de faire mouche. N'est pas médisant qui veut, mais qui peut.

DONNAY : Il essaie d'être rosse, alors qu'il n'est que fourbu.

MM. les polémistes

Il existe même — l'aristocratie du genre — des insolents stipendiés, dont la férocité est le gagne-pain : les polémistes. Les professionnels de la boutade au vinaigre, à défaut de vitriol, et de l'article au curare, tout au moins au poil-à-gratter.

Les deux plus justement célèbres ont été Léon Daudet et Henri Jeanson.

⁎
⁎

Si l'on s'étonnait de le voir s'acharner à se faire des ennemis, DAUDET *répliquait :*

— Erreur! je me fais comme amis tous les ennemis de mes ennemis.

Il n'y allait pas de main morte :

De la couleuvre avalée, il fait un nœud de cravate, de la gifle un applaudissement, du crachat une décoration, du coup de pied dans le cul un petit fauteuil.

Ces gracieusetés visaient nommément le directeur du Gaulois, *M. Arthur Meyer, dont le courage physique n'était pas la vertu dominante.*

*

JEANSON... *Quand on lui disait : « Pourquoi as-tu dit du mal d'Untel ? il ne t'avait rien fait »*, *il expliquait :*

— Il faut bien que quelqu'un commence.

Ses mots ?...

D'un acteur exigeant et orgueilleux :

Le dieu Paon. Moâ-Tse-Toung.

D'une comédienne à la diction très personnelle :

Elle est si mauvaise qu'elle se siffle elle-même en parlant.

D'un producteur de films :

Un de ces producteurs qui n'ont jamais rien produit, si ce n'est une mauvaise impression.

D'un mauvais, mais vraiment très mauvais, film :

Une histoire écrite par un idiot et tournée par des saboteurs sous la direction d'un dément, pour le compte d'un producteur vraisemblablement en fuite.

D'un hebdo qu'il n'aimait pas :

Cette feuille que je parcours toutes les semaines d'un derrière distrait.

D'un auteur de films « intellectuels » :

On a toujours l'impression qu'il a fait Kafka dans sa culotte.

Comme disait Tristan Bernard : C'est un grave défaut d'être équitable quand votre tempérament vous oblige à travailler dans la satire.

A la décharge de Jeanson, précisons qu'il conseillait à ses confrères : N'engueulez jamais que des gens plus connus que vous. *L'insolence, cela doit s'exercer de bas en haut.*

Georges Bernanos, *lui, leur donnait un autre conseil : celui de dételer à temps, l'insolence étant l'un des privilèges de la jeunesse :*

Un polémiste est amusant jusqu'à la vingtième année, tolérable jusqu'à la trentième et obscène au-delà. Les démangeaisons polémistes chez le vieillard me paraissent une des formes de l'érotisme

SOYEZ MAUVAIS CONFRÈRE

Le potier porte envie au potier, le forgeron au forgeron, le poète au poète. (HÉSIODE)

Quand le Roi nomme quelqu'un à une place, il fait quatre-vingt-dix-neuf mécontents et un ingrat. (TALLEMANT DES REAUX)

Nous vivons dans un monde où l'échec des autres devient plus important que notre propre réussite. (Philippe BOUVARD)

Dans n'importe quelle profession... D'un confrère qui a réussi :
— Oui, je vous l'accorde, il est arrivé. Mais dans quel état !
(*Le mot le plus célèbre d'*Alfred CAPUS.)

Soyez donc aussi mauvais confrère que n'importe qui. Voici quelques gentillesses à dire aux gens de votre profession ou sur eux. Allez-y gaiement, sans complexes.

Dans confrère, *a dit* HUGO, il y a aussi frère...

Si vous êtes avocat

Un vrai Démosthène !. . qui aurait oublié d'enlever les cailloux.
(*Un mot confraternel de* Me de MORO-GIAFFERI.)

C'est un excellent avocat, il ne lui manque que la parole.

Il est toujours battu d'une courte tête, celle de son client.

Sa dernière plaidoirie ? Elle ressemblait à l'épée de Charlemagne : plate, longue et mortelle.
(*Trois autres, de* Me Henry TORRÈS.)

*

Contre l'ensemble de vos consœurs...
Leur classification selon MORO-GIAFFERI, *antiféministe mili-tant :*

Il y a deux sortes d'avocates : les emmerdantes, et les emmer-deuses ; les premières vous ennuyant sans le faire exprès, les autres y mettant de la malice.

— *Et moi, maître, lui lança un jour une grande dame du barreau, dans quelle catégorie me rangez-vous ?*

— Oh ! vous, madame, répondit-il respectueusement, vous êtes une... emmerderesse.

Et la définition que donnait d'elles, au cours des années 30, le Bâtonnier Émile de SAINT-AUBAN :

L'avocate, cet hermaphrodite, intellectuel et plastique, du pro-grès social.

Honte sur vous, Saint-Auban et Moro !

Si vous êtes écrivain

Dites toujours du bien de vos confrères. Dans ce style :

— Quel homme charmant ! Courtois, distingué, généreux, affa-ble, décoré. d'une honnêteté scrupuleuse... Je sais bien qu'il y a ses poèmes, mais que voulez-vous, personne n'est parfait.

(Laurent TAILHADE, *parlant du poète Henri de Régnier.*)

*

Un de vos confrères vous a donné à lire en manuscrit son dernier livre. Dites autour de vous tout le bien que vous en pensez. A la façon de RIVAROL, *par exemple :*

Je viens de lire le manuscrit de « la Henriade », le poème de M. de Voltaire. Je déconseille à celui-ci d'en corriger les épreuves d'imprimerie : des fautes d'impression s'y glisseront peut-être, qui risquent d'y ajouter quelques beautés.

A un confrère médiocre et prolixe, faites cette recommandation (*elle est de* Louis VEUILLOT) :

Souvenez-vous, avant d'écrire, de la beauté du papier blanc.

Si vous êtes auteur dramatique

Ne manquez pas d'inviter vos confrères à la « première » de vos pièces. Et faites-le à la manière d'Oscar WILDE *quand il fit cette politesse à son ami* George Bernard SHAW :

Je vous envoie deux places. Vous pourrez ainsi amener un ami... si vous en avez un.

Mais vous courez le risque que votre confrère vous réponde, comme le fit Shaw :

Désolé, mais je ne suis pas libre ce soir-là. Je viendrai à la seconde représentation... s'il y en a une.

Vous êtes invité vous-même à une première. Un ami, qui vous connait bien, s'étonne que vous soyez resté jusqu'à la fin. Répondez, avec un sourire ravi :

— Oui. Crois-tu qu'il a fallu que ce soit mauvais !

(*Ce mot du revuiste* RIP *a été dit à Henri Jeanson.*)

*

Autres attentions de gentils confrères :

Je n'ai pas beaucoup aimé sa pièce. Il faut dire que je l'aie vue dans de mauvaises conditions : le rideau était levé (ACHARD)

Cette pièce est, comme on dit dans la rubrique des faits divers, « un de ces drames malheureusement trop fréquents ». (WILLY)

C'était si exécrable que même les acteurs partaient avant la fin. (JEANSON)

Si vous êtes comédien

D'un de vos bons camarades :

Il a si peu de présence qu'au moment où il entre en scène on a l'impression qu'il vient d'en sortir. (Lucien GUITRY)

A un autre, qui nasille un peu, récitez le quatrain qu'Eugène

SILVAIN, *doyen de la Comédie-Française, avait fait contre son grand rival Le Bargy :*

> Ci-gît Le Bargy. Mort cruelle,
> Tu l'as fait démissionner.
> Sa voix venait du cœur, mais elle
> Eut tort de passer par le nez.

*

Si un camarade, sur scène, « en fait un peu trop », ricanez

— Une vraie mite, ce type-là ! Il me bouffe tous mes effets (1).

*Le mot est d'*André LEFAUR, *parlant de son partenaire de* Topaze, *Pauley.*

Pauvre Pauley ! RAIMU, *autre « rondeur » célèbre, ne le ménageait pas non plus :*

— Il me copie, *prétendait-il.* Et d'abord, j'étais gros avant lui !

Il apportait cette précision :

— Moi, j'entre en scène derrière mon ventre ; môssieur Pauley. devant son derrière. Nuance !

(Voilà de quoi neutraliser la concurrence si vous jouez les obèses de talent.)

*

Si la fille d'un autre acteur fait ses débuts au théâtre, dites d'elle le plus grand bien : « Cette petite a le théâtre dans la peau. » Et empressez-vous d'ajouter :

— C'est d'autant plus remarquable... qu'il n'y a jamais eu de comédien dans la famille

*(*JOUVET, *qui venait de faire débuter dans sa troupe la fille de Pierre Blanchar, Dominique.)*

Du même (Jouvet) à son jeune disciple François PÉRIER : *« Si Molière voyait ton Dom Juan, il se retournerait dans sa tombe. »*

Réplique de Périer :

— Comme vous l'avez joué avant moi, ça le remettrait en place.

---

(1) Le comédien Jean-Marie BERNICAT a baptisé ces confrères abusifs . des frileux. Parce qu'ils « tirent la couverture à eux ».

Si vous êtes comédienne

Pour faire l'éloge de vos rivales, puisez dans le folklore des grandes comédiennes et cantatrices...
Sophie ARNOULD
Quand on lui demandait l'âge de Jeanne Lenoble :
— 28 ans. C'est du moins ce que j'ai toujours entendu dire.
De la même : Mme Lenoble non seulement chante faux, mais elle joue faux. En définitive, elle n'a de naturel que ses enfants.
Sur la Lussy, qui venait d'entrer en religion :
— Elle aura dû apprendre que Jésûs-Christ s'était fait homme.
De Mlle Dorval, qui végétait dans un galetas quand elle séduisit le marquis d'Aubard et se fit établir richement :
— C'est la seule personne à ma connaissance qui soit capable de tomber d'un quatrième étage dans un carrosse sans se faire du mal.
(Il vous suffira, pour actualiser cette boutade, de changer deux mots : « quatrième » en « sixième », et « carrosse » en « Cadillac » ou « Mercédès ».)
Sarah BERNHARDT
Sur Julia Bartet, « la Divine » :
— *D'abord, elle a une grande tache de vin sur la figure !*
Et comme on se récriait :
— On ne s'en aperçoit pas parce que c'est une tache de vin blanc mais c'est tout de même une tache de vin !
Un soir de relâche, passant vers minuit devant la Comédie-Française, et apercevant une foule massée à la sortie des artistes...« Qu'attendent donc tous ces gens ? » demande-t-elle.
— *Ils attendent* M^{mme} *Berthe Cerny, répond son cocher.*
— Pour la gifler ? *s'enquiert-elle, suave* (1).
Sophie DESMAREST *débutante...*
A l'une de ses « grandes aînées » qui lui disait : « De mon

---

(1) Quand Sarah trouvait à qui parler... Du temps qu'elle jouait *l'Aiglon* dans le rôle-titre, son camarade Édouard de MAX lui rendit visite dans sa loge au moment où, sanglée dans son uniforme blanc, elle allait entrer en scène.
— Il te manque quelque chose, lui dit-il en souriant.
— Quoi donc ?
— Ceci.
Et il lui tendit deux noix.

temps, ma petite, les comédiennes ne portaient aucun maquillage » :

— Somme toute, vous n'aviez pas inventé la poudre.

A la même, qui lui reprochait d'« avoir eu son prix du Conservatoire sous Pétain » :

— Ça vaut mieux que de l'avoir eu sous Mac-Mahon !

Un soir de première, Sophie eut la surprise, en décachetant les habituels télégrammes de vœux, d'en trouver un signé Marie BELL. *Celle-ci, en effet, ne l'avait pas habituée à des témoignages de sympathie. Elle le parcourut :*
Je profite de l'occasion pour vous dire merde (1).

*

Autre mot aimable, prononcé celui-là par un comédien, Robert HIRSCH, *l'enfant terrible du « Français ». On s'interrogeait sur l'âge exact d'une de ces dames. « Cinquante ans ? » avança quelqu'un.*

— Plus les matinées, *précisa Hirsch.*

De lui également :

— Je ne sais pas quel âge elle a, mais elle le paraît bien.

Et, comme on lui disait : « Une telle, vous lui donnez... combien ? »

— Heu... 45 ans, au crépuscule, et à contre-jour.

Mais ce n'est pas lui qui a surnommé telle chanteuse indestructible : « Momie Pinson ».

Changeons de génération... Dialogue entre deux jeunes actrices qui se sont connues au Conservatoire :

— Bonjour, mon chou. Comment va mademoiselle ta mère ?

— Très bien, merci. Et comment vont messieurs tes papas ?

Permanence de la bonne confraternité...

---

(1) Le mot de Cambronne est, de tradition, utilisé au théâtre comme souhait porte-bonheur, les jours de première. Variante polie : « Avec les vœux d'un général qui vous veut du bien. » Certains raffinés ont même envoyé une liste de cinq fleurs, telles que : « Muguet, Églantine, Rose, Dahlia, Edelweiss ». Il suffisait de lire les cinq initiales.

.*.

Ils en ont eu aussi à Hollywood.

Prise de bec entre Gary GRANT *et Katherine Hepburn, dont la féminité n'est pas l'atout majeur.*

— Si tu m'embêtes, *conclut Gary,* j'irai raconter partout que tu es le père d'Audrey !

Un joli doublé. Peut vous servir si vous arrivez à trouver chez nous une équivalence de situation.

COMMENT VOUS DÉFENDRE...

Contre les fâcheux

Il y a des gens si ennuyeux, qu'ils vous font perdre une journée en cinq minutes. (J. RENARD)

Il vient de me téléphoner. Par chance, j'ai pu l'*éviter* à dîner. (S. GUITRY)

Molière, qui ne connaissait pas le mot « emmerdeur », les appelait : les fâcheux.

*

Vous êtes une ravissante comédienne. Un de ces indésirables s'incruste dans votre loge... Dites-lui incidemment : « Je vais vous faire rire : chaque fois qu'un monsieur-sans-gêne insiste pour me rendre visite, je lui dis que j'habite dans la banlieue. »

— *Oh ! très amusant, s'écrie le quidam. Et en fait, où habitez-vous ?*

— Moi ? dans la banlieue.

*(C'est un truc d'*Anny DUPEREY.*)*

*

Une autre loge, un demi-siècle plus tôt. Lucien GUITRY *est en train de se démaquiller après le spectacle. Un importun vient le voir, le prie à déjeuner pour le lendemain. Guitry finit par accepter, à contrecœur. Le visiteur prend alors congé.*

Guitry, qui le croit déjà sorti, crie à son secrétaire : « *Vous allez envoyer immédiatement à cet enquiquineur un pneumatique, lui disant qu'il m'est impossible d'aller chez lui demain.* »

Il aperçoit alors, dans la glace de sa coiffeuse, le visage de l'importun, qui n'a pas encore quitté la pièce et a tout entendu

Il se tourne vers lui, et termine avec un large sourire :

— ... parce que je déjeune avec Monsieur.

*

Voici les consignes que donnait Mark TWAIN *à son secrétaire concernant les visiteurs éventuels :*

— Si c'est un raseur moyen, vous dites seulement : « Mister Twain est absent. » Mais si c'est un affreux raseur, vous dites : « Mister Twain est sorti à l'instant même : en lui courant après dans l'escalier et dans la rue, vous le rattraperez sans doute. »

Et, quand on lui demandait une lettre de recommandation auprès d'un personnage important, Twain la rédigeait en ces termes :

Mon cher ami, je vous envoie M. Untel. Faites ce qu'il vous demande ou tuez-le, cela m'est égal. Bien à vous.

Post-scriptum. Si vous choisissiez de le tuer, ayez la bonté de m'en informer, pour que je puisse prévenir sa famille.

La formule est toujours bonne, excellente, même en 1983. A moins que vous ne préfériez celle qu'utilisait Pierre FRESNAY *pour recommander les jeunes comédiennes insistantes :*

Mon cher directeur et ami, je vous envoie Mlle X..., qui prétend avoir beaucoup de talent. Si c'est vrai, remerciez-moi. Si c'est faux. remerciez-la.

Ou, dans le grand style, la réponse du Premier président de HARLAY (1) *aux audacieux venus solliciter sa recommandation :*

— Je ne donne pas ma protection aux fripons, et les gens de bien n'en ont pas besoin.

---

(1) Achille de Harlay ; « Achille III » (1639-1712). Dans cette grande famille de robe, l'aîné était prénommé Achille, et il devenait Premier président du Parlement. La dynastie des Harlay a régenté la Justice pendant deux siècles.

... Contre vos ennemis

Un homme n'est jamais trop soigneux dans le choix de ses ennemis. (O. WILDE)

Se faire des amis est une occupation de paysan, se faire des ennemis est une occupation d'aristocrate. (P. BARDOTTO)

Antipathie. — Sentiment que nous inspire l'ami d'un de nos amis. (A. BIERCE)

*
* *

On vient de vous insulter gravement.

Vous pouvez, évidemment, répondre par le mépris.

Le mépris est un sentiment paisible, différent de la haine, de la jalousie, de la rancune, qui ont toujours quelque violence : le mépris est proche de la pitié. (J. CHARDONNE)

Ce n'était pas l'avis de Winston CHURCHILL :

N'écoutez pas ceux qui vous conseillent de répondre aux insultes « par le mépris » : il faut répondre à l'insulte par l'insulte, voire par la gifle ou le coup de pied. On ne défend pas son honneur en s'asseyant dessus !

Pas question, donc, si l'on vous traite de cocu, de parricide ou d'homosexuel passif, de protester, badin, comme le préconisait, lui, Jules RENARD :

— Oh ! vous dites ça pour me taquiner.

*
* *

Si vous-même êtes l'insulteur :

— Vous êtes un idiot en trois lettres et je vous dis zut en cinq ! (Maurice CHAPELAN)

— Vous avez tellement l'air d'un faux-jeton que c'en devient une espèce de franchise ! (Pierre BÉNARD)

Plus littéraire :

— Votre personne tout entière évoque la sournoiserie dans sa phase la plus aiguë. Vous représentez pour moi l'apothéose du charlatan. (W. C. FIELDS)

Quand la conjoncture l'exige (par exemple en cas d'altercation au volant, ou de mauvaise rencontre nocturne). appelez Albert SIMONIN *à la rescousse :*

— Amène ta mère, que je te refasse !

*

Cas particulier... Un de vos ennemis vous menace, par lettre. de vous flanquer son pied au derrière la prochaine fois qu'il vous rencontrera. Répondez-lui :

Monsieur, j'ai bien reçu votre lettre, et l'ai mise aussitôt en contact avec la partie intéressée

(Alphonse FRANCK, *directeur du Théâtre Edouard-VII, au colosse Alfred Edwards, directeur du* Matin. *Ce qui peut s'appeler : une réponse torchée !*)

* *
*

Vous pouvez également — vengeance raffinée — utiliser le « procédé Galipaux ».

Le comédien Félix GALIPAUX *avait décidé d'exercer des représailles sur un critique qui l'avait éreinté. Il se présenta chez lui à une heure où il le savait absent, bavarda amicalement avec le concierge, à qui il donna deux billets de faveur. Puis, le soir même, il envoya au critique cette petite carte postale :*

Mon cher maître, je me suis présenté chez vous sans avoir le plaisir de vous rencontrer. Mais pourquoi m'avez-vous dit que votre concierge avait des mœurs... particulières ? J'ai causé quelques instants avec lui, et il ne m'a fait aucune proposition équivoque. Je le tiens pour un très brave homme, et de bonne mœurs...

La vie du critique devint si difficile qu'il fut contraint de déménager.

* *
*

DUMAS père *s'était fâché gravement avec François Buloz, le directeur de la* Revue des Deux-Mondes. *Il jura que, pendant un an, dans toutes les lettres qu'il écrirait, à n'importe qui, il insulterait Buloz.*

Il commençait donc toutes ses lettres par cette phrase : Mon cher ami, vous qui êtes mille fois plus intelligent que cet imbécile de Buloz... *etc.*

Et si, par exemple, le destinataire habitait Orléans, Dumas écrivait sur l'enveloppe :

Monsieur X...

Rue Y...

Orléans (à 116 km de cet imbécile de Buloz).

* *

Que vos inimitiés soient vigilantes...

Même quand j'aurai un pied dans la tombe, j'aurai l'autre dans le derrière de ce voyou.

(CLEMENCEAU, *parlant de Briand.*)

Et Groucho MARX :

La prochaine fois qu'on se verra, rappelez-moi de ne pas vous parler.

... Contre les cons

Idiot. — Membre d'une nombreuse et toute-puissante tribu dont les décisions sont sans appel. (A. BIERCE)

J'aime mieux les méchants que les imbéciles : eux, au moins, ils se reposent de temps en temps. (DUMAS fils)

L'ennui en ce monde, c'est que les imbéciles sont sûrs d'eux et les gens sensés pleins de doutes. (Bertrand RUSSEL)

On ne songe qu'à fonder des maisons de fous, quand est-ce qu'on créera des maisons d'imbéciles ?

(*Le caricaturiste* André GILL.)

Je viens de rencontrer X..., nous avons échangé quelques idées. Je me sens tout bête. (Henri HEINE)

Il était né stupide et avait considérablement développé ses dons naturels. (Samuel BUTLER)

Il était une fois un officier de cavalerie qui était si bête que ses camarades s'en étaient aperçus. (CHURCHILL)

L'imbécile ordinaire est simplement bête et ignorant. Pour être un imbécile d'envergure, il faut beaucoup de savoir et de capacités. (Aldous HUXLEY)

Il deviendrait subitement idiot qu'on ne s'en apercevrait pas. (Robert de MONTESQUIOU)

Elle en tient une couche, mais une couche! C'est sans doute pourquoi elle la partage tous les soirs. (DONNAY)

— Me prenez-vous pour un imbécile?

— Non, mais je peux me tromper. (T. BERNARD)

Quand on vous dit d'un quidam : « Ce n'est pas un aigle », c'est généralement qu'il s'agit d'un faucon. (M. E. GRANCHER)

La connerie est rédhibitoire. Quand on naît con, on meurt con. A moins d'un miracle, mais je ne crois pas aux miracles. (Brigitte BARDOT)

Quand on mettra les cons sur orbite, t'as pas fini de tourner!

Si la connerie se mesurait, tu servirais de mètre-étalon! Tu serais à Sèvres!

(*Deux répliques de* Michel AUDIARD.)

C'est pas possible! pour être aussi con, tu as appris! (Jean YANNE)

*
* *

Si vous traitez une de vos relations d'« imbécile », et que l'intéressé proteste avec véhémence, précisez votre pensée :

— Mon cher, quand un homme comme moi traite un homme comme vous d'imbécile, vous devez le croire sur parole, que diable!

(DUMAS père, *au, metteur en scène Billou, pendant une répétition de* la Tour Saint-Jacques.)

*
* *

Cas particulier : quelque malappris vous traite vous-même d'idiot...

COURTELINE *vous fournit la réplique adéquate :*

Passer pour un idiot aux yeux d'un imbécile est une volupté de fin gourmet.

* *

On n'est jamais trop cruel avec les imbéciles. (ANOUILH)

Essayez tout de même d'être aussi indulgent que l'était COURTELINE :

Ne vous moquez pas des imbéciles : ils sont peut-être plus intelligents que vous.

... ou WOLINSKI : J'adore la compagnie des cons parce que c'est toujours moi le plus intelligent.

N'ÉPARGNEZ PAS VOS AMIS

Ne faites jamais un bon mot qui puisse vous faire perdre un ami. A moins que le mot ne soit meilleur que l'ami.

(*Proverbe anglais* (1), *rapporté par* Michel CHRESTIEN.)

Henri JEANSON *en avait fait sa règle d'or. César serait-il* Pompée ? *ne put-il s'empêcher de dire après l'échec du* Judas de Pagnol, *son plus vieux copain.*

Votre ami est professeur

Citez-lui le mot de Mme *de* CHATEAUBRIAND, *l'épouse du vicomte :*

L'ennui naquit un jour de l'Université.

Il est écrivain de théâtre

... *et vous annonce négligemment qu'il est* « *de la Société des Auteurs* ».

— Ah! oui, le grand magasin de Beaumarchais (2) ?

(Carlo RIM)

Il est auteur de romans porno

... *selon lui :* « *érotiques* ». *Dites :*

— C'est un phallucieux prétexte ! (C. RIM)

---

(1) Pour mes lecteurs anglo-saxons qui n'entendent pas le français :

« *Never tell a joke which can lose you a friend. Unless the joke is better than the friend.* »

(2) C'est lui qui l'a fondée, non ?

Ajoutez : On ne devrait les publier qu'avec un cache-texte. (Roland DORGELES)

Prévoyez tout de même sa réponse :

La pornographie, c'est l'érotisme des autres. (André BRETON)

Il est dessinateur

... et « fait dans l'abstrait » :

— Tes dessins sont aussi impénétrables que ceux de la Providence. (WILLY)

Il est avocat

Baptisez-le : le quart-Berryer (1). *Ou :* l'attorney des grands-ducs. *(C'était le style des plaisanteries qu'échangeaient au vestiaire* Mᵉ de MORO-GIAFFERI *et* Mᵉ Henry TORRÈS.)

Dites-lui : — Je sais pourquoi vous, les avocats, portez la robe : pour pouvoir mentir aussi bien que les femmes. (André DEV)

S'il tarde à vous recevoir :

— Tu fais condamner même ta porte ?

(Le compte rendu du procès Violette Nozières par Pierre BENARD : « *La force de l'habitude ! en rentrant chez lui après le verdict de mort,* Mᵉ *X... a fait condamner sa porte.* »)

Il est bibliophile

... et vous fait admirer ses livres, dont il est très fier. Laissez tomber :

— Il y a des gens qui ont une bibliothèque comme les eunuques ont un harem. (V. HUGO)

Il est collectionneur

... et vous rebat les oreilles avec ses « pièces rares ». Douchez-le comme il convient :

— Peuh ! avant que tu aies une collection comparable à celle d'Alphonse ALLAIS !... Le crâne de Voltaire enfant. Un fragment authentique de la fausse croix de N. S. Jésus-Christ. Une tasse

---

(1) Antoine Berryer (1790-1868), dit « le grand Berryer ». Le nom le plus illustre du barreau français.

avec l'anse à gauche, fabriquée spécialement pour un empereur chinois de l'époque Ming, qui était gaucher...

Et si par chance vous possédez un huilier-vinaigrier dont les fioles sont marquées respectivement « V » (vinaigre) et« H » (huile), déclarez :

— Il a appartenu à Victor Hugo, qui l'avait fait marquer à son chiffre.

(C'est l'un des gags que pratique le petit-historien ROMI.)

Il est Corse

La Corse vit en autarcie : nous exportons des fonctionnaires et nous importons des retraités. (MORO-GIAFFERI)

(Moro était un de ses compatriotes. Votre ami ne se fâchera pas.)

Il est Anglais

Lancez à l'abordage CLEMENCEAU :
L'Angleterre, cette colonie française qui a mal tourné.
Et le « M. Fenouillard » du dessinateur CHRISTOPHE :
Je ne pardonnerai jamais à la perfide Albion d'avoir brûlé Jeanne d'Arc sur le rocher de Sainte-Hélène.

Il se pique d'élégance vestimentaire

Comme Jean Galtier-Boissière, dont les gilets à fleurs étaient célèbres. Son ami JEANSON *l'appelait :* le dandy de grands chemins, *et :* le 18-Brummel.

C'est un ivrogne

... qui prétend boire parce que sa femme lui fait mener une vie d'enfer.
— Je vois ! elle te fait tourner en barrique ! (RIP)

Il se marie pour la quatrième ou la cinquième fois

Envoyez-lui ce télégramme :
Félicitations. Stop.
C'est un de ceux que reçut Sacha GUITRY *lors de son cinquième mariage.*

Au café, à l'heure de l'apéritif

Il s'écrie soudain : « Je viens d'avaler une mouche ! »
Réconfortez-le à votre façon :
— Tant mieux. Je suis content quand il arrive malheur à ces sales bêtes.
(COURTELINE, *au journaliste Ernest La Jeunesse, qui était laid et négligé.*)

Il est marié

Vous lui rendez visite. Son épouse et lui vous font faire le tour du propriétaire. Dans la chambre à coucher, extasiez-vous :
— Mon Dieu ! comme vous avez un grand lit !... Vous comptez recevoir ?
(Eugène LABICHE, *visitant l'appartement de son fils jeune marié.*)

＊

S'il s'agit d'un couple très amoureux...
Ayez la charmante pensée de leur réciter du La Fontaine... revu par Tristan BERNARD :
Deux pigeons s'aimaient d'amour tendre... Moralité : l'un d'eux s'ennuyait au logis.
Et, s'ils sont installés de façon cossue, citez Henri JEANSON .
Dans un grenier, qu'on est bien à vingt ans !... Et dans un hôtel particulier, donc !

Il a des enfants

Surtout s'ils sont insupportables, allez-y de votre récital de mots anti-bambins !
ALLAIS : On n'insistera jamais assez sur les inconvénients que présente l'abus du cyanure de potassium dans l'alimentation des nouveau-nés.
Ou : Les familles, l'été venu, se dirigent vers la mer en y emmenant leurs enfants. Dans l'espoir, souvent déçu, de noyer les plus laids.

Pierre DUMAYET : J'ai connu une femme qui avait pris la mauvaise habitude de peindre en bleu ses enfants avant de les jeter par la fenêtre. Cette manie, qui détruisait la spontanéité de son geste, la faisait passer pour méchante.

W. C. FIELDS : Un homme qui n'aime ni les enfants ni les animaux ne peut pas être foncièrement mauvais.

A moins que vous ne leur citiez le proverbe soudanais que rapporte Georges CONCHON :

Pour la maman hanneton, son fils est une gazelle.

Mais, devant une jeune mère qui donne le sein, soyez galant :

La supériorité de l'allaitement au sein sur le biberon réside essentiellement dans le fait que son emballage est plus agréable à l'œil. (M. E. GRANCHER)

Votre ami vient d'avoir la Légion d'Honneur

Vous pouvez lui rappeler le mot de Jules RENARD :

En France, le deuil des convictions se porte en rouge, et à la boutonnière.

*... ou celui d'*André MAUROIS, *la boutade du Dr. O'Grady dans* les Silences du colonel Bramble :

Les obus et les décorations tombent au hasard, sur le juste comme sur l'injuste.

Vous pouvez vous étonner, comme Alfred CAPUS :

Paradoxalement, on donne la Légion d'Honneur aux gens qui ont professionnellement réussi. En somme, dès qu'un monsieur est heureux, on le décore pour qu'il soit plus heureux encore.

Vous pouvez toucher du doigt son ruban et murmurer, après CAPUS : Comme il est mince ! on dirait une faveur.

Ou, si la liste des nouveaux promus est particulièrement longue, demander, comme FORAIN :

— Alors, tu as été décoré dans une rafle ?

A moins que vous n'imitiez le comédien François GOT.

Comme il croisait dans un couloir du Théâtre Français son camarade Alexandre Febvre, celui-ci, lui désignant sa boutonnière où fleurissait un ruban rouge tout neuf, lui lança : « A propos... tu as vu ? »

Got se pencha sur le revers du veston.

— Bah ! dit-il. Avec un peu de benzine ça partira.

*

Pour vos lettres de félicitations, inspirez-vous de Léon-Paul
FARGUE :
Je vous complimente pour votre roseur de la Légion d'Honnêtes,
écrivait-il à ses amis promus officiers. Et aux commandeurs :
Vous voilà donc Crâneur de la Commansavate.

*

*Circonstance aggravante : votre ami (qui n'est pourtant pas
militaire de carrière), arbore, non la seule Légion d'Honneur, mais
une véritable « batterie de cuisine ».*
Utilisez l'explication que donnait Sacha GUITRY *à propos d'un
de ses pareils :*
Il en a d'abord eu une seule. Puis un jour, au casino de
Deauville... Il se penchait imprudemment sur la table de jeu. Sa
décoration est tombée sur l'une des cases du tapis vert... Et il a
ramassé vingt-cinq fois la mise !

Votre ami est élu à l'Académie française

Épargnez-lui les prévisions macabres, telles que le mot de
COCTEAU : Un académicien est un homme qui se change en
fauteuil après sa mort.
Ou le télégramme qu'envoya BREFFORT *à Pagnol lors de
l'élection de celui-ci :*
Tu t'en iras l'épée devant.
Mais que vos félicitations soient, comme il se doit, ironiques :
Tu fais maintenant partie du commun des Immortels. (Jules
RENARD)
Agrémentez-les de quelques définitions choisies :
Quarante appelés et peu de lus. (Pierre VÉRON)
Académie. — Corps de femme au sein duquel on n'est admis
qu'à la condition d'être assez jeune. Corps d'écrivains au sein
duquel on n'est admis qu'à la condition d'être assez vieux.
(C. RIM)
Cela glissera sur sa joie toute neuve. Les académiciens ont

l'habitude (tricentenaire) d'être courtisés puis brocardés. Comme a écrit l'un d'eux, FONTENELLE :

Sommes-nous trente-neuf, on est à nos genoux.

Et sommes-nous quarante, on se moque de nous.

Un de vos amis devient président de la République

C'est un ami d'enfance, un copain pour tout dire, que vous tutoyez depuis la maternelle. Vous êtes venu le féliciter.

Conscient de sa nouvelle importance, il vous demande, d'entrée, de ne plus le tutoyer. Répondez-lui respectueusement :

— *Vos désirs sont des ordres, monsieur le président. Je ne vous demande qu'une seule faveur : puis-je vous tutoyer une dernière fois ?*

— *Je vous en prie, mon bon ami, acquiescera-t-il, ému malgré lui.*

— *Eh bien, voilà : je t'emmerde !*

Cette scène a été jouée au naturel par le président Félix FAURE (1) *et un de ses anciens condisciples, au lendemain de l'élection présidentielle de 1895.*

(1) Oui, celui de Mme Steinheil. Sa « connaissance »

Pour rétablir l'équilibre, au terme de ce chapitre extrêmement immoral, 2 citations « *morales* » :

COLETTE : Il ne faut pas tomber du côté où l'on penche.

Et GIDE : Il faut suivre sa pente, mais en remontant.

LE BONHEUR ET VOUS

Le plus souvent, on cherche son bonheur comme on cherche ses lunettes : quand on les a sur le nez. (F. DROZ)

Si l'on vous demande « quel a été le plus beau jour de votre vie », répondez, comme GIRAUDOUX :

— La veille.

⁂

Le bonheur des hommes se situe dans les petites vallées. (GIONO)

Tout le bonheur du monde est sur le dos d'un cheval. (*Proverbe tcherkesse cité par* Maurice DRUON.)

Le bonheur date de la plus haute Antiquité. Il est quand même tout neuf car il a peu servi. (A. VIALATTE)

Les gens n'ont plus le sens de la fête. Où sont passées la gaîté, la joie de vivre? où sont les poètes, les fous, les limonaires? (Dominique DELPIERRE)

⁂

Dans notre société, seuls survivent les hommes du type homard : durs au-dehors, tendres au-dedans (Y. AUDOUARD)

⁂

Le pessimiste fait des cachots en Espagne. (CHAMPCENETZ)

Un pessimiste, c'est un homme qui a travaillé pendant trois mois avec un optimiste. (Robert BEAUVAIS)

L'optimiste est un homme qui s'abrite sous une fourchette le jour où il va pleuvoir des petits pois. (CAMI)

L'optimiste : « Elle est en retard. C'est qu'elle viendra. » (S. GUITRY)

Mais la meilleure définition est encore celle de BERNANOS :

L'optimiste est un imbécile heureux... et le pessimiste, un imbécile malheureux.

*
* *

Pourquoi, alors, ne pas tenter d'être optimiste ? COURTELINE : La vie est beaucoup trop courte pour qu'on puisse s'embêter pendant seulement une heure. *Et* ACHARD : On ne vit qu'une fois ! Et encore !

Essayez-vous donc à l'insouciance :

Depuis quelque temps, j'étudie beaucoup un philosophe chinois dont je mets la sagesse en pratique ; c'est le philosophe Ye-men-fou. (Eugène ROUHER, *ministre sous le Second Empire.*)

Keep smiling ! Le sourire coûte moins cher que l'électricité, et il éclaire mieux. (Félix BENOIT)

On objectera que :

Tout s'arrange, mais mal. (CAPUS)

Les choses s'arrangent, mais autrement. (MORAND)

Qu'importe ! Rien ne s'arrange, mais tout se tasse. (ACHARD)

Et le mot immortel de Tristan BERNARD, *quand la Gestapo vint les arrêter, sa vieille compagne et lui :* Nous vivions jusqu'ici dans la crainte. Nous allons maintenant vivre dans l'espoir...

Pratiquez donc l' « *optimisme tempéré* » — *ou son presque synonyme le* « *pessimisme souriant* », *dont la devise pourrait être :* « Faut pas se plaindre, ça pourrait aller mieux. »

*
* *

Mais, si vous êtes vraiment malheureux... n'espérez pas noyer vos chagrins dans l'alcool. Comme l'a dit le librettiste Albert WILLEMETZ :

Méfiez-vous : ils savent nager.

POUR SERVIR DE CONCLUSION
A CE LIVRE :

La citation classique est le mot de passe des lettrés du monde entier.

(Samuel JOHNSON)

Ne fais donc pas de citations classiques : tu exhumes ta grand-mère en présence de ta maîtresse.

Léon-Paul FARGUE

FIN

TABLE

TABLE   257

                              Pages

d'honneur. Vous comparaissez en correctionnelle. Vous devenez chef de l'État.

La mort des autres. Si vous mourez vous-même. Mots de la fin et épitaphes.

Achevé d'imprimer en février 1984
sur presse CAMERON
dans les ateliers de la S.E.P.C.
à Saint-Amand-Montrond (Cher)

Dépôt légal : octobre 1983.
N° d'Impression : 352.

Imprimé en France